LIÇÕES DE UM SÉCULO DE VIDA

Outras obras do autor pela Bertrand Brasil:

Ciência com consciência

Meus demônios

Amor, poesia, sabedoria

A cabeça bem-feita

A religação dos saberes

O mundo moderno e a questão judaica

Filhos do céu

Cultura e barbárie europeias

Meu caminho

Rumo ao abismo?

Edwige, a inseparável

O caminho da esperança

A via

Como viver em tempos de crise?

Minha Paris, minha memória

Conhecimento, ignorância, mistério

É hora de mudarmos de via: lições do coronavírus

EDGAR MORIN

LIÇÕES DE UM SÉCULO DE VIDA

Tradução de
Ivone Benedetti

1ª edição

Rio de Janeiro | 2021

EDITORA-EXECUTIVA
Renata Pettengill

SUBGERENTE EDITORIAL
Luiza Miranda

AUXILIARES EDITORIAIS
Beatriz Araújo
Georgia Kallenbach

REVISÃO
Renato Carvalho

DIAGRAMAÇÃO
Ricardo Pinto

CAPA (ADAPTAÇÃO)
Olivier Marty

IMAGEM DE CAPA
Ulf Andersen/Getty Images Europe

TÍTULO ORIGINAL
Leçons d'un siècle de vie

CIP-BRASIL. CATALOGAÇÃO NA PUBLICAÇÃO
SINDICATO NACIONAL DOS EDITORES DE LIVROS, RJ

M85L   Morin, Edgar, 1921-
      Lições de um século de vida / Edgar Morin ; tradução Ivone Benedetti. –
1ª ed. – Rio de Janeiro: Bertrand Brasil, 2021.

      Tradução de: Leçons d'un siècle de vie
      ISBN 978-65-5838-058-0

      1. Morin, Edgar, 1921-. 2. Sociólogos - Biografia - França. I. Benedetti,
Ivone. II. Título.

21-71854   CDD: 923.0944
                  CDU: 929:316(44)

Camila Donis Hartmann - Bibliotecária - CRB-7/6472

Copyright © Éditions Denoël, 2021

Texto revisado segundo o novo Acordo Ortográfico da Língua Portuguesa

2021
Impresso no Brasil
Printed in Brazil

Todos os direitos reservados. Não é permitida a reprodução total ou parcial desta obra,
por quaisquer meios, sem a prévia autorização por escrito da Editora.

Direitos exclusivos de publicação em língua
portuguesa somente para o Brasil adquiridos pela:
EDITORA BERTRAND BRASIL LTDA.
Rua Argentina, 171 – 3º andar – São Cristóvão
20921-380 – Rio de Janeiro – RJ
Tel.: (21) 2585-2000 – Fax: (21) 2585-2084

Seja um leitor preferencial. Cadastre-se no site www.record.com.br e
receba informações sobre nossos lançamentos e nossas promoções.
Atendimento e venda direta ao leitor:
sac@record.com.br

Sumário

Preâmbulo	7
1. A identidade una e múltipla	9
2. O imprevisto e o incerto	24
3. Saber Viver	37
4. A complexidade humana	52
5. Minhas experiências políticas: na torrente do século	64
6. Minhas experiências políticas: os novos perigos	84
7. O erro de subestimar o erro	90
Credo	102
Mementos	107
Agradecimentos	111

Preâmbulo

Que fique bem claro: não dou lições a ninguém. Tento extrair lições de uma experiência centenária e secular de vida, e desejo que elas sejam úteis a cada um, não só a quem queira refletir sobre sua própria vida, mas também a quem queira encontrar sua própria Via.

1

A identidade una e múltipla

Quem sou eu? Respondo: sou um ser humano. Esse é meu substantivo. Mas tenho vários adjetivos, de importância variável, segundo as circunstâncias; sou francês, de origem judaica sefardita, parcialmente italiano e espanhol, amplamente mediterrâneo, europeu cultural, cidadão do mundo, filho da Terra-Pátria. Pode-se ser tudo isso ao mesmo tempo? Não, dependendo das circunstâncias e dos momentos, predomina ora uma dessas identidades, ora outra.

Como se pode ter várias identidades? Resposta: na verdade, isso é comum. Cada um tem a identidade da família, de sua cidade, de sua região ou etnia, de seu país e, por fim, a mais ampla, de seu continente. Cada um tem uma identidade complexa, ou seja, ao mesmo tempo una e plural.

Minha identidade una e plural

Foi progressivamente que ganhei consciência de minha identidade una e plural. Meus pais imigrantes não tinham identidade nacional.

Tinham uma identidade étnico-religiosa sefardita e uma identidade urbana, Salônica, plácido oásis no Império Otomano desde 1492, onde a maioria da população era judia. Diferentemente de gregos, sérvios e albaneses conquistados e colonizados pelos turcos, os judeus tinham sido acolhidos lá e não sofriam espoliações por parte dos janízaros nem perseguições por parte dos otomanos. Uma parte deles, vinda da Toscana (Livorno) no início do século XIX, trazia consigo ideias laicas, o capitalismo e, depois, o socialismo. Por isso, Salomon Beressi, meu avô materno, era um notório livre-pensador que aos filhos ensinava uma moral sem Deus. Meu pai, quando jovem, só sonhava com Paris. A burguesia sefardita de Salônica falava francês, além do velho castelhano, chamado de "djidió" pelos de dentro e judeu-espanhol pelos de fora.

Nascido na França, não tive nacionalidade estrangeira como herança. Meus pais tinham como identidade uma cidade, espécie de halo por trás de sua nova identidade francesa. Em família falavam djidió, nunca comigo, mas eu tinha esse espanhol nos ouvidos. Na Espanha, percebi com surpresa que entendia a língua em parte e a falava sofrivelmente. Depois tive a felicidade de desenvolver o uso do castelhano na Espanha e na América Latina. Em mim, que me achava descendente direto daqueles que em 1492 foram expulsos por Isabel, a Católica, isso despertou uma identidade espanhola — identidade que, além de tudo, posso reivindicar por lei, o que me foi proposto oficialmente com frequência.

Tornei-me francês com naturalidade na infância, pois meus pais falavam francês comigo e, na escola, apropriei-me mentalmente da história da França. Senti essa história como minha, com emoções fortes quando ouvia falar de Vercingetórix, da batalha de Bouvines, de

Joana d'Arc, do assassinato de Henrique IV, da Revolução, da batalha de Valmy, da primeira campanha da Itália, de Austerlitz, de Napoleão glorioso e Napoleão decaído em Santa Helena, 1848, 1870, a Comuna, a guerra de 1914-1918. Não tinha consciência nenhuma das faces sombrias dessa história, estava impregnado de suas vitórias e derrotas, de suas glórias e de seus lutos. E padecia seus sofrimentos, em especial durante a Guerra dos Cem Anos, quando a França quase desapareceu. Por isso, enraizado nessa história, sinto-me visceralmente francês.

Ao mesmo tempo, descobria que era judeu. Meus pais, apesar de laicizados, faziam-me participar do jantar de Páscoa na casa de minha avó, celebrado em judeu-espanhol na presença do rabino Perahia. Eu tinha sido circuncidado, sem saber, claro, mas meu pai não me obrigou a me preparar para o *bar mitzvá* na sinagoga, onde, para isso, se aprende um pouco de hebraico e algumas preces. Por insistência de um cunhado muito religioso, ele se conformou com um meio-termo; pediu ao rabino da sinagoga da rua Buffault que realizasse o rito sem preparação, argumentando que eu era um pobre orfãozinho. Por isso, precisei repetir as palavras hebraicas que o rabino me soprava e fazer uma pequena declaração em francês, dizendo que eu seria sempre respeitoso à minha família.

Foi no liceu, principalmente, na minha turma que tinha católicos, alguns protestantes, cinco judeus e filhos de livres-pensadores, que alguns colegas me perguntavam qual era minha religião. Eu era judeu, mas essa identidade não tinha conteúdo cultural. Era sentida sobretudo como algo estranho para uns e ruim para os que tinham herdado antissemitismo dos pais.

Embora tenha recebido pouquíssimas ofensas pessoais na juventude, tive de suportar o antissemitismo extremamente violento da imprensa de direita e, depois, o da época de Vichy, mas isso não pôs em xeque, no meu íntimo, a identidade francesa cada vez mais ligada à tradição humanista que vai de Montaigne a Victor Hugo.

Humanista acima de tudo

Na verdade, minha consciência judaica se diluía na busca de uma consciência política humanista em busca de uma via na crise da democracia, do antifascismo e do antistalinismo. Eu tinha dezessete anos quando os nazistas privaram os judeus alemães de direitos civis e organizaram a Noite dos Cristais, em novembro de 1938. Eu continuava pacifista, desejando manter um ponto de vista universal, em vez de, sendo judeu, querer a guerra contra a Alemanha.

Durante a Ocupação, na Resistência e depois da guerra, a identidade judaica despertava e depois desaparecia. Como durante a Resistência eu assumira o pseudônimo de Morin, depois da guerra tive a tentação de mudar legalmente de identidade, como fizeram alguns, mas mantive Nahoum em meus documentos, pedindo que acrescentassem "vulgo Morin". Enfim, como eu vivia a tragédia dos julgamentos comunistas da época, acompanhei de longe a guerra de independência de Israel, feliz com o fato de os combatentes e os kibutz estarem desmentindo o mito do judeu comerciante e covarde.

Uma temporada em Israel em 1965, portanto antes da Guerra dos Seis Dias, revelou-me o ódio entre judeus e árabes. Abandonei minha busca de raízes nessa nação. Depois, a dominação do povo árabe da Palestina por Israel implicou-me de novo como judeu, mas na qualidade de um dos últimos intelectuais judeus adeptos do universalismo e anticolonialistas, portanto hostis à colonização da Palestina árabe. Os artigos que escrevi na época no jornal *Le Monde*, em que não contestava em absoluto a existência de Israel, valeram-me a pecha de traidor e mesmo de antissemita.

Escrevi um livro para homenagear meu pai e meus antepassados, *Vidal et les siens*,[1] o que torna ridícula qualquer acusação de ódio, inclusive ódio a si mesmo.

Nunca contestei o direito de existência do Estado israelense e sempre tive consciência dos perigos históricos a que a nação israelense esteve exposta e estará no futuro.

Em compensação, critiquei a ação repressiva do exército ou da polícia de Israel contra os palestinos e reconheci o direito destes a um Estado nacional, em conformidade com as resoluções da ONU e com os malogrados acordos de Oslo. Meu verdadeiro desejo seria o de Martin Buber, de uma nação comum para judeus e árabes.

Sei por experiência histórica e por vivência que um povo que coloniza outro tende a desprezá-lo. Mas com frequência se encontra, entre o povo colonizador, uma minoria compassiva e altruísta, que é o que ocorre nesse caso.

Considero que honro mais a identidade judaica com minha obra universalista do que quem injuria ou calunia em nome de uma identidade fechada e excludente.

Ao mesmo tempo que reconheço minha ascendência judia e afirmo que sou do povo maldito, e não do povo eleito, defino-me como pós- -marrano, ou seja, como filho de Montaigne (de ascendência judaica) e do Spinoza amaldiçoado pela sinagoga.

---

1 Seuil, 1989 [Obra traduzida em Portugal como *Vidal e os seus*, Instituto Piaget, 1994 (*N.T.*)].

Espanhol, italiano, europeu

Minha identidade espanhola vem do velho castelhano falado em minha família, de meu amor pelo teatro e pela literatura do Século de Ouro, por García Lorca e Antonio Machado e, sobretudo, vem dos tempos que passei na Espanha, em especial na Andaluzia, onde pude me abeberar na matriz. No entanto, minha identidade italiana se tornou muito viva, não só por ter me sentido na Toscana como numa mátria reencontrada e por ter me impregnado de Itália, como também porque minha família por parte de mãe, os Beressi e os Mosseri, são de origem italiana. Mesmo os Nahoum se implantaram na Toscana durante algum tempo, e um deles participou do Risorgimento. Além disso, minha família Nahoum obteve a nacionalidade italiana em Salônica, assim que a Itália se tornou Estado unificado independente.

Assim como o primeiro-ministro Felipe Gonzales quis me restituir a identidade espanhola, a cidade de Livorno me ofereceu a cidadania de honra.

Europeu, politicamente, eu me tornei em 1973, quando descobri que a Europa dominadora do mundo e potência colonial desumana se tornara uma pobre coisa velha que perdera suas colônias e só podia sobreviver da perfusão do petróleo do Oriente Médio. Mas minhas esperanças europeias se deterioraram com a subordinação das instituições europeias às forças técnico-burocráticas e depois financeiras. Por fim, as divergências entre as ex-democracias populares e as nações fundadoras, a pressão destruidora das autoridades da União Europeia sobre o governo grego de Tsípras e a atitude geral em relação aos migrantes do Afeganistão e da Síria terminaram de me decepcionar.

A IDENTIDADE UNA E MÚLTIPLA

Desejo que aquilo que subsiste não se desintegre, mas perdi a fé na Europa.

Já na adolescência, minha cultura humanista me tornou preocupado com o destino da humanidade. Quando Philippe Dechartre, um dos dirigentes do movimento de Resistência ao qual aderi, me perguntou o que havia motivado meu ingresso na luta clandestina, respondi que era não só para libertar a França, mas também para participar da luta de toda a humanidade pela emancipação — algo que eu confundia com comunismo.

Desfeita essa confusão, por volta de 1952-1953, aderi aos Cidadãos do Mundo, cuja carteirinha conservei. Depois, tomei consciência de que vivíamos os desenvolvimentos da era planetária iniciada em 1492, termo que tomo de empréstimo a Heidegger. Na revista *Arguments*, dediquei-me aos problemas daquilo que então se chamava terceiro mundo. Escrevi e publiquei em 1993 *Terre-Patrie*,[2] depois me tornei adepto de uma altermundialização, ao mesmo tempo que tomava consciência de que a globalização técnico-econômica criara uma comunhão de destinos entre todos os humanos. Portanto, por intermédio da Terra-Pátria e da comunhão de destinos, volto à minha identidade primeira e substantiva de ser humano.

Identidades encavaladas

Em Paris, durante a Resistência, eu era Gaston Poncet na carteira de identidade para a zeladora e os controles policiais, Morin para meus

---

2 Com Anne-Brigitte Kern, Seuil [No Brasil, *Terra-Pátria*, Sulina, 1995, trad. Paulo Neves (*N.T.*)].

camaradas de Resistência e Nahoum quando me correspondia com meu pai ou encontrava parentes.

Uma vez, duas identidades deram um "cavalo de pau".

Foi um dia, quando acompanhei uma bela prostituta a um hotel de Pigalle frequentado por oficiais alemães. Quando ela pôs a mão em meu sexo, tomei consciência, apavorado, de que era circuncidado. A prostituta fez tudo o que pôde para endurecer um membro completamente arriado. Desanimada com o insucesso, foi para um quarto vizinho fazer suruba com os militares. Eu me vesti e saí discretamente do hotel; Nahoum tinha surgido de repente e expulsado Morin.

Depois da Libertação, volto a ser Nahoum para tudo o que seja oficial, na carteira de identidade e no passaporte. Não escondo esse nome, os artigos sobre minha pessoa o mencionam, e alguns, num esmagamento de gerações, dizem que nasci em Salônica. Mas, no fim, fico contente de ser, identitariamente, filho de meu pai e, ao mesmo tempo, filho de minhas obras. Gostaria de ter mantido oficialmente o sobrenome Beressi, de minha família materna, à qual estou profundamente ligado, mas não pensei nisso em tempo.

Enfim, vivo minha multi-identidade não como anomalia, mas como riqueza. Essas identidades se sucedem diferentemente, segundo as condições internas ou externas de meu Eu e do Edgar que as integra.

Identidade familiar

Meus pais tinham seis ou sete irmãos ou irmãs. Foram ligados durante toda a vida por uma comunidade de auxílio mútuo. Os casais de minha geração só tinham um filho ou dois. Com o fim da grande família, os laços se afrouxaram. Sendo filho único, às vezes tinha contato com tios, tias e primos; criei uns poucos laços afetivos com alguns deles.

A morte de minha mãe Luna quando eu tinha dez anos exacerbou minha solidão. Dela só restou uma grande presença mítica, mas nenhuma presença física. A proteção exagerada que meu pai exercia sobre seu filho único foi vivenciada por mim como uma servidão, da qual eu me livrava sempre que se apresentasse uma oportunidade. Vivi de verdade fora da família, na escola, no cinema, nos livros, nas ruas. Essa foi minha educação, ali aprendi minhas verdades.

Casado e pai de duas filhas, não me esforçava por educá-las, achando que nada era melhor que a autoeducação, como foi a minha. Depois, minha separação de Violette, quando elas tinham onze e doze anos, minha vida amorosa, minhas obsessões intelectuais e políticas interromperam várias vezes nossas relações, mas não as extinguiram. Não fui um bom filho nem um bom pai, mas fui um marido amado e amante.

Com o tempo, não só me reconciliei gradualmente com meu pai como também o integrei em mim. Quando ele morreu, senti tanta vergonha de não o ter apreciado como deveria e como ele merecia que dediquei um livro à sua pessoa e à sua vida. E, embora sua morte, ocorrida em 1984, esteja cronologicamente cada vez mais distante, sua presença em mim está cada vez mais próxima. Meu rosto se parecia com o de minha mãe, agora se parece com o dele. Quando olho de improviso algumas fotos minhas recentes com Sabah, tenho a súbita impressão de que é ele, e não eu. Meu pai está em mim com noventa e nove anos.

Nos últimos anos tenho desejado muito reencetar uma vida de família com minhas filhas. Sou como a personagem de *A Mula*, representada por Clint Eastwood, que passou a vida fazendo jardinagem e participando de concursos florais, negligenciando casamentos e festas de família, e agora só aspira a reencontrar sua aconchegante comunidade. É verdade que foram solucionados vários mal-entendidos entre mim e minha filha Véronique, e que minha filha Irène me aceita como sou, mas meu distanciamento em Montpellier, o confinamento devido à covid, minhas hospitalizações e minha convalescença em Marrocos acabaram impedindo a realização de meu desejo. As aventuras de minha vida, minhas paixões amorosas e intelectuais, somadas a minhas negligências, privaram-me dessa coisa soberba que é uma família unida.

Não pude fundar minha família, pois meus três casamentos anteriores ao último foram, ao mesmo tempo, suficientemente longos (dezoito, dezesseis e vinte e oito anos) para que eu fosse integrado numa família a princípio estrangeira, e curtos demais para que nelas permanecesse duradouramente. Mas, graças a cada uma de minhas companheiras, pude apreciar mundos novos para mim: os campos de Périgueux com Violette, Québec quando de sua revolução tranquila, a condição afro-americana com Johanne, a alta casta médica com Edwige e agora, por fim, a vida intelectual franco-marroquina com Sabah.

Embora eu seja um companheiro amado e amante, as evoluções divergentes de nossas personalidades redundaram em duas separações, de Violette e de Johanne, mas com a manutenção dos laços até o falecimento delas. E só a morte me separou de Edwige, em 2008.

E quando acreditei estar definitivamente fadado a viver sozinho, fiquei conhecendo Sabah em 2009 de um modo surpreendente, pelo mais improvável dos acasos, no Festival de Fez das Músicas Sacras do

Mundo. Encontro marcado pelo destino, pois, com quarenta anos de distância, tivemos um destino comum. Aos dez anos ela perdera o pai amado, como eu perdera a mãe adorada na mesma idade. Ela se educara por si mesma, assim como eu me construíra na solidão e na incompreensão de minha família. As mesmas leituras haviam marcado nossa vida, como a de Dostoievski. Ambos tínhamos militado clandestinamente, eu na Resistência, ela durante os anos de chumbo do reinado de Hassan II. E o desencanto que eu expressara no livro *Autocritique*[3] contribuíra para o desencanto dela.

Lecionando na universidade, ela se alimentara de meus livros, sentira-se fortalecida por meus posicionamentos a respeito dos trágicos acontecimentos do Oriente Médio.

Fomos unidos pelo vínculo mais profundo que possa existir.

Devo-lhe não só o fato de me livrar de viver como sobrevivente e de ter recomeçado a viver, mas também lhe devo a própria vida, em várias ocasiões.

Ela está presente em minha obra, muitas vezes invisível, por meio de indicações, sugestões, correções, críticas. Acadêmica e pesquisadora, sacrificou sua contribuição criativa para a sociologia urbana a fim de se dedicar à minha existência e a um pensamento meu que se tornou comum a nós dois.

É grande minha emoção quando sinto a maravilha de um amor cotidiano, do beijo da manhã ao beijo da noite, quando penso que sua ternura atenciosa acompanha meus passos rumo a um centenário incerto.

---

3 Julliard, 1959 [Lit., *Autocrítica*].

A unidade plural da personalidade

Ninguém é a mesma pessoa na afeição em que desabrocha uma personalidade amorosa e na cólera que põe à mostra uma personalidade violenta. Quando escrevi *Le Vif du sujet*,[4] em 1961-1962, fiquei impressionado com os casos de personalidade dupla ou múltipla, em que o mesmo indivíduo mudava de rosto, temperamento, caligrafia, passando inconscientemente de um eu a outro. Isso é visível nos chamados bipolares ou maníaco-depressivos. A mesma pessoa se torna otimista, exaltada, hiperativa e empreendedora e depois, na fase contrária, deprimida, pessimista, passiva, inativa. A mesma pessoa pode passar da adoração exaltada no amor a uma chuva de críticas, censuras e repreensões. Já não é a mesma pessoa, ainda que ambas ocupem sucessivamente o mesmo Eu. É como se a passagem de um estado mental ou emocional a outro cristalizasse uma personalidade coerente, com seus traços singulares, fadada a desaparecer e a reaparecer.

Acredito que aconteça o mesmo, mas em menor medida, com cada um de nós. É o que experimento quando às vezes me sinto invadido pela melancolia de minha mãe, às vezes tomado pela alegria jovial de meu pai. Sinto-me ora um preguiçoso, ora um hiperativo, ora um sonolento, ora um vigilante. Sou envolvido por estados de transe encantado nas emoções estéticas; sinto-me dominado por uma força ao mesmo tempo superior, exterior e interior quando me dedico à escrita de um livro. E depois de cada acesso de cólera, sei que fui possuído por meu próprio demônio.

---

4 Seuil, 1969 [Em port.: *O x da questão. O sujeito à flor da pele*, Artmed, Porto Alegre, 2003; trad. Fátima Murad e Fernanda Murad Machado (*N.T.*)].

A IDENTIDADE UNA E MÚLTIPLA · 21

Meu caminhar intelectual como um solitário

Meu primeiro livro, *L'An zéro de l'Allemagne*,[5] que rememorava minhas experiências de 1945 e 1946 na Alemanha devastada e aturdida, foi bem recebido. Embora tenha irritado alguns germanistas, na época não havia ninguém mais para tratar daquele momento único e extraordinário da história alemã. Da mesma maneira, *L'Homme et la Mort*[6] — meu primeiro livro importante, em que inauguro meu modo de conhecimento transdisciplinar — não sofreu nenhuma crítica de especialistas, pois, de acordo com a história, ninguém havia tratado até então, com a união de sociologia e psicologia, das paradoxais atitudes humanas diante da morte. O mesmo ocorreu com meu livro de antropologia do cinema, que não ofendia nenhum expert, e com o outro sobre os astros, personagens semimíticas que nunca tinham despertado o interesse dos sociólogos.

Em seguida, porém, quando me lancei na obra *Méthode*,[7] fui com frequência malvisto por alguns donos de áreas de conhecimentos, denunciado como incompetente ou vulgarizador, embora tivesse reinterpretado e interligado conhecimentos dispersos e elaborasse o método para tratar das complexidades.

Sei que houve e há maiores vítimas da incompreensão e da calúnia. Mesmo magoado, mesmo criticando o que acredito ser erro deles, e em alguns casos vaidade, nunca ataquei quem me atacava.

---

5 La Cité universelle, 1946 [No Brasil, *O ano zero da Alemanha*, Sulina, 2009, trad. Edgard de A. Carvalho e Mariza P. Bosco (*N.T.*)].
6 Corréa, 1951; Seuil (ed. revista e aumentada), 1976 [Em português, *O homem e a morte*, Imago, 1997, trad. Cleone Augusto Rodrigues (*N.T.*)].
7 Seis volumes publicados entre 1977 e 2004 pela Seuil [No Brasil, os seis volumes de *Método* foram publicados pela Sulina de 2002 a 2005 (*N.T.*)].

22 Lições de um século de vida

Também sofri, depois de romper com o partido comunista, os insultos costumeiros que todo egresso recebe. Fui alvo de enormes calúnias por ter criticado a política repressiva de Israel sobre o povo palestino. Toda personalidade pública angaria inúmeras inimizades. Mas também tem o benefício de amigos desconhecidos...

Preferi continuar livre e independente no CNRS* (onde era julgado favoravelmente, segundo a quantidade, e não a qualidade, de meus trabalhos), em vez de disputar um posto numa universidade de província, onde ficaria obcecado pelo desejo de ser nomeado para um cargo em Paris, sonhando com a aposentadoria ou a morte dos titulares. Não aspirei a nenhum posto honorífico, como o Collège de France, e nunca alimentei fantasias em relação à Academia. Mas aceitei com prazer os trinta e oito títulos de doutor *honoris causa* recebidos no estrangeiro.

Quem sou eu, afinal?

Passei várias páginas a me descrever, sabendo que esse autorretrato imperfeito também comporta a ausência daquilo que agora vou indicar.

Não sou apenas uma parte minúscula de uma sociedade e um momento efêmero do tempo que passa. A sociedade como Todo, com língua, cultura e costumes está dentro de mim. Meu tempo vivido nos séculos XX e XXI está dentro de mim. A espécie humana está biologicamente dentro de mim. A linhagem dos mamíferos, vertebrados, animais, multicelulares está em mim.

---

* Centre national de la recherche scientifique — Centro Nacional da Pesquisa Científica. [*N.T.*]

A vida, fenômeno terrestre, está em mim. E, como todo ser vivo é constituído por moléculas, que são composições de átomos, que são uniões de partículas, estão em mim todo o mundo físico e a história do universo.

Sou um Todo para mim e, ao mesmo tempo, quase nada para o Todo. Sou um humano entre oito bilhões, sou um indivíduo singular e um sujeito qualquer, diferente dos outros e semelhante aos outros. Sou produto de acontecimentos e encontros improváveis, aleatórios, ambivalentes, surpreendentes, inesperados. E ao mesmo tempo sou Eu, indivíduo concreto, dotado de uma máquina hipercomplexa auto-eco-organizadora que é meu organismo, máquina nada trivial, capaz de reagir ao inesperado e de criar o inesperado. O cérebro dá a cada um espírito e alma que, embora invisíveis para o neurocientista que analisa o cérebro, emergem em cada ser humano em sua relação com outrem e com o mundo.

Cada um de nós é um microcosmo que, muitas vezes inconscientemente, carrega dentro da unidade irredutível de seu Eu os múltiplos Todos de que faz parte no seio do grande Todo. Esses múltiplos Todos são constituídos pela diversidade de nossos ancestrais familiares e de nossos pertencimentos sociais.

A recusa a uma identidade monolítica ou redutora, a consciência da unidade/multiplicidade (*unitas multiplex*) da identidade são necessidades de higiene mental para melhorar as relações humanas.

2

O imprevisto e o incerto

Há cem anos, entre trezentos milhões de espermatozoides, um único penetrou num óvulo e o fecundou. Meu feto foi submetido a práticas abortivas. Ele poderia ter morrido antes de conseguir nascer, o que não ocorreu. Mas quase nasci morto, asfixiado pelo cordão umbilical, e graças à teimosia do obstetra, que me esbofeteou muito tempo para que eu finalmente soltasse um grito e escapasse da morte.

Sorte e azar parem-se mutuamente

Assim, o azar que me fadava à morte antes de nascer tornou-se sorte de viver. No entanto, toda sorte de viver comporta a possibilidade de inúmeros azares.

De minha sorte de viver proveio o supremo azar, a desventura de perder minha mãe quando eu tinha dez anos.

Mas esse horrendo azar, sem deixar de ficar em mim como ferida nunca totalmente cicatrizada (mesmo na minha idade), durante a adolescência e já aos dez anos me impeliu a fugir para a literatura, o cinema e a música. As obras se tornaram uma espécie de droga cotidiana, droga nutriz e saudável que me fez descobrir a realidade do mundo em que eu vivia no exato momento em que fugia dela. Foi assim que durante minha adolescência solitária construí minha cultura e minhas verdades.

A desventura quase me destruiu, pois um ano depois da morte de minha mãe tive uma doença desconhecida pelos médicos, com uma febre altíssima que, por falta de nome melhor, acabou sendo chamada de febre aftosa (coisa de bovinos); dela fui salvo pelo gelo que puseram em torno de meu corpo.

Superar uma desventura ou uma doença grave proporciona uma resistência à qual Boris Cyrulnik, que a viveu, dá o nome de resiliência; mais uma vez é o azar gerando a sorte. Assim, a morte de minha mãe criara no filho único órfão, que eu era, a imensa necessidade de ter irmãos e irmãs, além da imensa necessidade de amor. Foi isso que me fez, depois da grande solidão, procurar irmãos e irmãs com quem me liguei por toda a vida. Foi o que fez de mim um enamorado que encontrou em seus amores o fogo necessário à sua vida e à sua obra. E da desventura inicial, que não deixou de ser desventura, provieram as grandes venturas de minha vida.

Novo azar quando me preparava para os exames de primeiro ano da universidade em Paris, no mês de junho de 1940: ouvi pelo rádio que, devido ao avanço das tropas alemãs, todos os exames estavam suspensos. Fui me refugiar em Toulouse, o que veio a ser uma das sortes de minha vida. Pois lá fiquei conhecendo meus primeiros irmãos e minhas primeiras irmãs; lá vivi meu primeiro amor, com sua intensa poesia e, depois, a primeira dor; lá me uni a Violette, que viria a ser minha companheira. Lá conheci o mundo dos escritores, dos intelectuais e dos resistentes, que mudariam minha vida. E, ainda que um destino de exclusão pesasse sobre meu futuro, lá passei dias muito felizes.

Foi em Toulouse que, depois da invasão da União Soviética pela Wehrmacht e da batalha de Moscou, eu, que era antistalinista, virei comunista e, de pacifista que era, tornei-me um resistente.

Posso dizer, sobretudo, que a Resistência, transcorrida ao mesmo tempo na fé comunista e num movimento gaullista, foi a sorte de viver intensamente, em vez de sobreviver mediocremente, a sorte da fraternidade com homens admiráveis, como Pierre Le Moign', Michel Cailliau, sobrinho de de Gaulle, Philippe Dechartre; e muito me impressionou a coragem de François Mitterrand.

Embora eu lamente muito minha cegueira em relação à natureza do comunismo soviético, não posso dizer que meu período comunista, que durou seis anos, foi um azar, pois me deu a oportunidade de em seguida compreender bem o totalitarismo, por tê-lo vivido de dentro. A autocrítica[1] que se seguiu à minha ruptura proporcionou-me a sorte de fazer uma faxina mental, de conquistar autonomia intelectual, de buscar obstinadamente um pensamento político agora complexo.

No entanto, tive um grande azar depois da exaltação da Libertação: meus ensaios jornalísticos não encontraram eco. Minha ideia era fazer uma exposição dos crimes hitleristas, mas o ministério nomeou como meus auxiliares dois funcionários obtusos que me desestimularam.

Então fui salvo pela sorte em forma de acaso. Pierre Le Moign', que conheci casualmente na rua, comunicou-me que o Primeiro Exército, que estava entrando na Alemanha, procurava resistentes para a ad-

---

1 *Autocritique*, Seuil, 1959.

ministração dos territórios conquistados e para o repatriamento dos deportados dos campos de concentração e do trabalho obrigatório.*

Violette e eu agarramos a oportunidade e, depois de nos casarmos às pressas, partimos para Lindau, sede do estado-maior de de Lattre. Passamos lá um ano feliz, ao lado de novos irmãos e de uma nova irmã, ao mesmo tempo que vivíamos a experiência incomparável da Alemanha desintegrada.

O que é o acaso?

Há pouco eu trouxe o acaso à baila. Será que ele já estava presente quando um espermatozoide sortudo penetrou no óvulo de minha mãe? Quando meu feto resistiu aos abortivos? Quando o obstetra teimou em me dar vida nos minutos em que eu estava aparentemente morto? O acaso não estaria presente quando minha mãe parecia dormir no trem de subúrbio Rueil-Paris antes que a encontrassem morta na estação Saint-Lazare, tarde demais para ser reanimada? Será que ele nunca deixou de acompanhar minha vida?

O acaso, evidentemente, é o imprevisível. Um só lance de dados jamais abolirá o acaso, mas uma sucessão de numerosíssimos lances de dados possibilita dissolver o acaso individual numa estatística coletiva. Ora, o jogo da vida é completamente outro, pois cria acontecimentos singulares, e não lances idênticos e repetidos. A imprevisibilidade permanece na irrupção do inesperado, acidente ou criação. Em suma, acredito que nunca se saberá se o acaso é realmente acaso.

---

* Depois que invadiu a França, a Alemanha começou a exigir do governo de Vichy o fornecimento de mão de obra francesa. Na falta de um número suficiente de voluntários, em fevereiro de 1943 Laval criou o Serviço de Trabalho Obrigatório para os jovens nascidos de 1920 a 1923. [N.T.]

Pensou-se o acaso como o encontro acidental de determinismos diferentes: um vaso de flores, obedecendo à gravidade, cai de um andar de cima na cabeça de um transeunte que está indo para o trabalho. A definição de acaso foi dada pelo matemático Gregory Chaitin: é acaso o que decorre da incompressibilidade algorítmica, ou seja, da impossibilidade de determinar de antemão uma sucessão de acontecimentos. Ômega simboliza os limites do conhecimento matemático, os limites do calculável, os limites da algoritmização, os limites da previsibilidade.

Contudo, a imprevisibilidade ou a incompressibilidade algorítmica não excluem a possibilidade de o acaso obedecer a determinações ocultas, talvez do âmbito de realidades invisíveis a nosso entendimento. Donde a hipótese de que certa modalidade de intuição subconsciente, quase telepática, possa de certo modo prever o imprevisto.

É fato que, durante a Resistência, minha sorte pode ter sido decorrente de minha vigilância, por exemplo quando fiquei sabendo da prisão de meu amigo Joseph e consegui retirar, antes da chegada da Gestapo, a mala que ficava debaixo da cama que eu ocupava na casa onde estava alojado e que continha o tesouro de nosso movimento. Duas vezes, porém, minha sorte se deveu a uma causa desconhecida.

A mais impressionante: eu tinha encontro marcado no cemitério Vaugirard (lugar tranquilo, onde era possível vermos se estávamos sendo seguidos ou não) com meu amigo e colaborador Jean, antifascista alemão que tinha lutado na Guerra Civil Espanhola. Esperei, Jean não apareceu e, nem por um instante, pensei que ele pudesse ter sido preso. Minha despreocupação me deixa pasmo, ainda hoje. Cheguei a decidir ir procurá-lo no hotel, imprudência de que eu estava inconsciente então. Lá, notei que a chave dele não estava pendurada no painel e, nem sequer olhando para a atendente sentada na recepção, decidi subir os dois andares, até o quarto dele. Mas no patamar do primeiro andar, dominado de repente pela canseira, parei, fiquei pensando um pouco e depois desci a escada e deixei um bilhete para Jean, marcando um encontro numa galeria da Sorbonne. Acontece que a Gestapo tinha ido capturá-lo em seu quarto e ficara lá com ele montando campana; nossa amiga Gaby Bounes, que tinha ido falar com ele pela manhã, acabou sendo presa (foi deportada, mas voltou).

Por que aquela canseira aos vinte e dois anos, depois de subir alguns degraus? Acaso? Aviso misterioso? Vindo de onde? Sabah diz que de minha mãe, que vela por mim. Então sua morte teria me protegido da morte e talvez das piores atrocidades, pois eu teria sido torturado, como Jean.

Houve outro aviso inconsciente, mas desta vez muito claro: quando eu estava no governo militar da zona francesa de ocupação em Baden-Baden, alguns amigos e eu decidimos ir à noite, depois do trabalho, para a zona americana comprar uns uísques e cigarros de tabaco louro. Depois de nos perdermos numa Karlsruhe em ruínas, tomamos a rodovia rumo à zona americana. Os passageiros cochilavam, eu estava sentado ao lado do motorista. De repente, saí da sonolência gritando "Pare!". O motorista parou a alguns metros de um abismo aberto pela queda de uma ponte da rodovia, onde naquela mesma noite despencara um jipe com soldados americanos.

Bondades da desventura, favores da adversidade

Sorte e azar se sucederão assim, ligados ao imprevisto, para não dizer ao acaso.

Sorte: Robert Antelme funda com Marguerite Duras uma pequena editora, A Cité Universelle, e me pede um livro sobre a Alemanha devastada e desmembrada, do qual lhe falo quando vou a Paris. É minha estreia como autor, em 1946, com *Ano zero da Alemanha*. Outra sorte: o livro, que contraria o antigermanismo reinante então, é beneficiado pela guinada ideológica da União Soviética, que o Partido Comunista Francês precisa adotar às pressas: em vez de ser banido, sou cumprimentado.

Azar: fico desempregado e perco meu ganha-pão na redação do *Patriote resistant*, periódico da FNDIRP (Fondation nationale des déportés et internés résistants et patriotes), controlada pelo Partido Comunista. Essa desventura é compensada pela grande ventura de passar diariamente mais de um ano na Bibliothèque nationale, fazendo anotações para meu livro *O Homem e a Morte*.

Depois, quando comunico ao sociólogo e resistente Georges Friedmann que estou muito acabrunhado por não ter trabalho, ele me sugere entrar no CNRS e me promete assistência. Aconselha-me a obter apoio de importantes acadêmicos para a minha candidatura, e é assim que Maurice Merleau-Ponty, Vladimir Jankélévitch e Pierre George escrevem depoimentos a meu favor. Devo minha carreira ao CNRS, minha liberdade ao azar de ter ficado desempregado e ao acaso de um almoço com Georges Friedmann. É verdade que, depois de ter sido um oficial resistente reconhecido pelas Forças Francesas do Interior, eu me tornava pesquisador de segunda classe do CNRS, mas estava feliz e me tornava livre.

Poderia continuar com sorte e azar, desventura e ventura, pois a desventura da morte de minha esposa Edwige foi seguida, um ano depois, num acaso extremo, pelo improbabilíssimo encontro com Sabah, que me dá a vida.

E foi o inesperado que me trouxe o telefonema do redator-chefe do *Le Monde* em 1963 e me levou a entender um fenômeno também

O IMPREVISTO E O INCERTO 31

inesperado: um concerto gigante na Place de la Nation, organizado pelo programa *Salut les copains* da rádio Europa 1, que degenerou em violenta festa antipolicial. Foi a partir daí que me tornei colaborador privilegiado do *Le Monde*.

Foi também por inesperada sugestão de Georges Friedmann que entrei no estudo pluridisciplinar da cidade de Plozévet,[2] na época em que preparava uma pesquisa sobre os militantes. O ano transcorrido no interessante microcosmo dessa cidadezinha bretã, em 1965, foi muito fértil para me fazer compreender o desenvolvimento multi-dimensional da modernidade na França a partir de 1955. O livro transdisciplinar que extraí dessa experiência tem o mérito de fazer descobertas imprevistas; para minha grande surpresa, ele foi conde-nado por mandarins da Delegação Geral para a Pesquisa Científica e Técnica. Avisado por acaso por Raymond Aron, que encontrei na rua, pude realizar a contraofensiva que me inocentou oficialmente, apesar de me privar dos louvores que eu merecia.

Quando Henri Lefebvre me pediu que o substituísse na universi-dade de Nanterre, em março de 1968, o que se desenrolaria era im-previsível. Ingressei em cheio no epicentro daquilo que se generalizou como incêndio em Paris e em toda a França no mês de maio de 1968. Fui o único que pôde diagnosticá-lo no calor dos acontecimentos.

Por fim, por imprevista sugestão de meus amigos Jacques Monod, Prêmio Nobel de Medicina, e John Hunt, fui convidado a passar um ano no Instituto de Pesquisas Biológicas fundado por Jonas Salk, que descobriu a vacina contra a poliomielite. Tive então a sorte de passar em La Jolla, na Califórnia, uma temporada muito feliz

---

2 *La Métamorphose de Plozévet*, Fayard, 1967.

32 LIÇÕES DE UM SÉCULO DE VIDA

(1969-1970), que me possibilitou conhecer as obras e o pensamento de autores graças aos quais fui levado a escrever o *Método*. Quando voltei da Califórnia, Jacques Monod também me deu a chance de ser coorganizador do Colóquio internacional "A Unidade do Homem" na abadia de Royaumont, onde minha comunicação "O paradigma perdido: a natureza humana" tornou-se embrião do livro que escrevi depois com esse título.[3]

Toda vida é um navegar num oceano de incerteza

Foi de maneira imprevista que, tendo sido convidado para ir a Nova York dar um curso de um trimestre sobre a complexidade no romance, negligenciei esse trabalho para me lançar, num estado quase de possessão, à redação da "Introdução geral ao Método". Depois, em Paris, não conseguindo continuar a redação da obra, precisei ir contra a vontade a um colóquio nas proximidades de Florença sobre o mito do desenvolvimento. Lá, fui recebido por uma mulher providencial que me reanimou, energizou e encontrou para mim, na Toscana marítima, a residência ideal para trabalhar em meu livro. Parti para meu refúgio toscano com uma nova mulher providencial, conhecida por acaso três dias antes de minha saída de Paris, cujo amor veio acender o alto-forno que nutriu de energia meu trabalho. No isolamento de um castelo em ruínas que abarcava o mar, escrevendo da manhã à noite, terminei o primeiro rascunho do *Método*, cujo primeiro volume foi publicado, por sorte, em 1977, num momento em que a crise do

---

3 *Le Paradigme perdu: la nature humaine*, Seuil, 1973 [Em port.: *O Paradigma Perdido: a natureza humana*. Europa América, Mem-Martins, Portugal, 1991, trad. Hermano Neves (*N.T.*)].

marxismo e o declínio do estruturalismo favoreciam a recepção de um livro que tinha tudo para ser desdenhado.

O que se pode chamar de acaso, imprevisto, sorte no azar e vice-versa, desventura fonte de ventura e vice-versa, marcou minha vida sem descontinuidade. Mas será que isso não acontece com todos, talvez com menor frequência? A vida, para todo ser humano, é imprevisível desde o nascimento, pois ninguém sabe o que será de sua vida afetiva, de sua saúde, de seu trabalho, de suas opções políticas, de seu tempo de vida, da hora de sua morte.

Nunca devemos esquecer que, se é que somos máquinas, somos máquinas nada triviais. A máquina trivial é a máquina artificial, que fabricamos, cujo comportamento se conhece a partir dos programas que a comandam. O ser humano, ao contrário, nem sempre age de modo previsível, especialmente em sua capacidade de inovar, criar e, por isso, provocar o inesperado.

Por mais que nos acreditemos armados de certezas e programas, precisamos aprender que toda vida é um navegar num oceano de incertezas, atravessando algumas ilhas ou arquipélagos de certezas, onde nos reabastecemos.

O que se aplica aos indivíduos é ainda mais aplicável à história, que está submetida não só a determinismos econômicos, ambições, rapacidades e cobiças desmesuradas, mas também a uma absurdez quase shakespeariana — *"a tale told by an idiot, full of sound and fury, signifying nothing"*[4] —, além de acidentes, erros, acasos, lances de genialidade, lances de dados, lances de traição, lances de loucura.

---

4 "História contada por um idiota, cheia de som e fúria, que nada significa", Shakespeare, *Macbeth*.

Ao longo de minha vida, dois acontecimentos científicos inesperados ficaram de início invisíveis para a mídia, a opinião pública e os políticos, antes de transformarem a história da humanidade. O primeiro foi a descoberta no campo da física nuclear, feita por Fermi em Roma, no ano 1932, das características do átomo, base sobre a qual se desenvolveram, uma década depois, os trabalhos de utilização da energia atômica numa bomba devastadora. Durante dez anos, a descoberta de Fermi teve interesse puramente especulativo, apenas para os físicos. Foi preciso haver uma guerra para desencadear a ideia e o projeto da bomba atômica e depois, com a paz, o avanço econômico que ocasionou a criação e o desenvolvimento das centrais nucleares. Paralelamente, a guerra fria provocou a proliferação das armas nucleares, o que passou a constituir uma ameaça global para a humanidade.

O segundo acontecimento científico foi obra de Rosalind Franklin, que, em 1953, descobriu em Cambridge a estrutura helicoidal do DNA, e de Watson, jovem pesquisador americano integrado ao laboratório de Crick e Franklin, que completou a descoberta desta última, decifrando o código genético, patrimônio hereditário de todo ser vivo. Hoje, os desenvolvimentos da genética dão a possibilidade de modificar o patrimônio hereditário de todo ser vivo, humano inclusive.

Convém notar que, embora possamos prever as probabilidades futuras de um processo evolutivo (sempre com a possibilidade de ocorrência do improvável), nunca se pode prever o que é criativo. Não se podia prever Sakiamuni (Buda), Jesus, Maomé, Lutero, Michelangelo, Montaigne, Bach, Beethoven, Van Gogh. Quem poderia pensar, em 1769, que um pequeno corso, nascido naquele ano numa ilha genovesa que acabara de se tornar francesa, viria a ser imperador dos franceses em 1804?

Toda vida é incerta

Agora quero ressaltar que uma das grandes lições de minha vida foi a de parar de acreditar na perenidade do presente, na continuidade do devir, na previsibilidade do futuro. São incessantes, apesar de descontínuas, as irrupções súbitas do imprevisto que vêm sacudir ou transformar, às vezes de maneira afortunada, às vezes desafortunada, nossa vida individual, nossa vida de cidadão, a vida de nossa nação, a vida da humanidade.

Conheci o imprevisto da grande crise de 1929, que devastou o mundo e coproduziu o nazismo e a guerra, o imprevisto da ascensão de Hitler ao poder, o imprevisto de 6 de fevereiro de 1934, revolta antiparlamentar que provocou como reação o imprevisto da Frente Popular, o imprevisto da Guerra Civil Espanhola e da fratura da República Espanhola cada vez mais infiltrada pelo poder soviético contra os libertários, trotskistas e poumistas, o enorme imprevisto do pacto germano-soviético em 1939, o do desastre do exército francês e do poder de Vichy em 1940, o imprevisto da Resistência de Moscou no final de 1941, coincidindo com a entrada dos Estados Unidos na guerra, após o ataque-surpresa de Pearl Harbor.

O imprevisto da guerra da Argélia, o imprevisto do relatório Khrushchev, condenando Stálin, o imprevisto da destituição de Khrushchev, o imprevisto de Soljenítsin, o imprevisto do relatório Meadows, que diagnosticou a degradação geral da biosfera e denunciou o perigo ecológico, o imprevisto da derrocada da URSS, o imprevisto da guerra da Iugoslávia, o imprevisto da doutrina Thatcher-Reagan, que desencadeou o reinado globalizado do lucro por meio de um neoliberalismo privatizador dos serviços públicos, enriquecendo os ricos e empobrecendo os pobres. O imprevisto da união do comunismo com o capitalismo na China de Deng Xiaoping, o imprevisto da rápida passagem da China para o primeiro plano das potências mundiais, o imprevisto da destruição das duas torres do World Trade Center em Nova York, o imprevisto da onda assassina do jihadismo islâmico no mundo, o imprevisto das consequências da guerra do Iraque no Oriente Médio, o imprevisto da crise mundial das democracias e, por fim, o imprevisto da pandemia de covid e da enorme crise mundial que ela desencadeou, a incerteza permanente na qual hoje em dia quanto ao futuro imediato e ao futuro distante.

A incerteza e o inesperado precisam ser integrados na História humana. Nela, o imprevisto não passa de acaso, é também, como a revolução para Marx, a "velha toupeira que trabalha debaixo da terra para aparecer de repente".[5] A surpresa do inesperado não deve ser anestesiada. Ao contrário, deve nos estimular a compreendê-lo, pensá-lo e, sem poder prevê-lo, pelo menos esperá-lo.

Toda vida é incerta, depara incessantemente com o imprevisto. O azar pode tornar-se sorte, e a sorte pode tornar-se azar. A adversidade pode trazer benefícios; a desventura pode suscitar ventura.

A impossibilidade de eliminar o aleatório de tudo o que é humano, a incerteza de nossos destinos, a necessidade de esperar o inesperado, é uma das principais lições de minha experiência de vida.

---

5 Karl Marx, Discurso de aniversário do *The People's Paper*, 14 de abril de 1856.

3

Saber Viver

"Dê vida a seus dias, em vez
de dar dias à sua vida."

Rita Levi-Montalcini,
Prêmio Nobel de Medicina

A palavra viver tem duplo sentido. O primeiro é de estar vivo, existir, o que é garantido por nossa organização biofísica, que mantém nosso estado de vivente graças à sua resistência à degradação mortal: respirar, alimentar-se, proteger-se. Nesse sentido, viver significa apenas manter-se em vida, ou seja, sobreviver. O segundo sentido da palavra viver é de conduzir a vida com suas oportunidades e seus riscos, suas possibilidades de prazer e sofrimento, alegrias e tristezas. A sobrevivência é necessária à vida, mas uma vida reduzida à sobrevivência já não é vida.

Essa foi a primeira descoberta que fiz, aos doze anos de idade, quando vi a existência miserável dos mendigos na *Ópera de três vinténs*. Mais tarde e de modo mais amplo, nunca deixei de constatar as imensas e inúmeras misérias humanas, em que sobreviver com carências e penúria, sob opressão e humilhação, é subviver, pior ainda que sobreviver.

Essa é uma das tragédias humanas mais profundas e mais universalmente disseminadas: vidas e vidas dedicadas e condenadas à sobrevivência. Uma das tarefas essenciais de uma política humanista é criar condições que deem não só a possibilidade de sobreviver, mas também de viver.

Viver é poder gozar as possibilidades oferecidas pela vida: isso eu fui aprendendo progressivamente.

Eu, Tu e Nós

Minha necessidade essencial, já na adolescência, foi a realização de minhas aspirações próprias e, ao mesmo tempo, o desejo de viver numa comunidade de amor e/ou amizade. Descobri que esse desejo é universal, ainda que com frequência haja renúncia à sua realização e, principalmente, impossibilidade de satisfazê-lo. Em nossa cultura, em especial, é comum a primeira aspiração, que é individual, tornar-se individualista, depois egoísta, e que o Eu se imponha a qualquer outra coisa. Também é comum — o que ocorre na exaltação coletiva — o Eu dissolver-se no Nós. Isso pode determinar devotamentos e abnegações magníficas, proporcionar uma alegria sublime. Mas também pode provocar perda de autonomia intelectual, o que se verifica nos fenômenos de pânico e delírios coletivos, como nas cerimônias de culto ao Guia onisciente.

Na verdade, a aspiração à realização individual com a concomitante ligação a uma comunidade e/ou a outrem apresenta um antagonismo interno potencial e pode criar problemas difíceis, mas continua sendo uma aspiração humana fundamental.

O Eu precisa do Tu, ou seja, de uma relação íntima que comporte reconhecimento mútuo da plenitude humana do outro. O Eu também precisa do Nós. Pude começar a atender a essas necessidades afetivas profundas em junho de 1940, quando minha emancipação pessoal coincidiu com o desastre nacional.

Desse modo, tornei-me eu mesmo em Toulouse, integrado à fraternidade dos estudantes refugiados e capaz de assumir as primeiras responsabilidades pessoais no Centro de Acolhida desses estudantes. A Resistência foi como que a confirmação maior. Tornei-me um adulto responsável aos vinte e dois anos, de um modo indissociável da fraternidade que me ligava a meus companheiros e do amor que vivia com minha companheira Violette.

Alguns grandes momentos de minha vida

Grandes momentos são aqueles em que fui o melhor de mim mesmo, ao mesmo tempo que estava conectado comunitária e amorosamente. Vivi na comunidade da rua Saint-Benoît de 1945 a 1947. Tudo começou com a acolhida que recebemos, Violette e eu, na casa de Marguerite Duras, quando voltamos da Alemanha.

Lá também vivia, depois do término da convalescença, seu marido Robert Antelme, com quem ela já não tinha relações físicas, mas a quem dedicava um amor intensificado pela deportação e pelo retorno milagroso. Dionys Mascolo, seu companheiro, que se tornara o melhor amigo de Robert, aparecia para almoçar e jantar, e muitas vezes passava a noite na casa de Marguerite. Eu gostava dos três e daquela trindade amorosa; dificilmente nos separávamos.

À tarde, por volta de 17 horas, Robert e eu íamos à Gallimard, onde Dionys era responsável pelas traduções. Subíamos a escadaria majestosa, depois saíamos os três para o café L'Espérance, ali perto, onde não parávamos de discutir. Falávamos de tudo, revelávamos uns aos outros nossos autores, poetas e músicos preferidos. À noite, saíamos juntos para o Petit Saint-Benoît, o Flore, o Tabou, onde Boris Vian tocava trompete, para o Vieux Colombier, onde ouvíamos os irmãos Jacques, Juliette Gréco ou o trovador Jacques Douai, cantando "Les petits pavés" e "L'amour de moy".

Marguerite, ao mesmo tempo anfitriã e cozinheira, fazia almoços franco-vietnamitas e jantares festivos, nos quais reunia os Queneau, os Merleau-Ponty, os René Clément, Georges Bataille. Cantávamos, dançávamos. Durante a tarde, amigos e conhecidos passavam por lá à vontade, para conversar, e os que iam regularmente formaram o que depois ficou conhecido como "grupo da rua Saint-Benoît".

Mas o estado de graça terminou quando Marguerite e Violette ficaram grávidas ao mesmo tempo, o que nos obrigou a sair da rua Saint-Benoît e alugar um apartamento em Vanves, atrás do Parque de Exposições. O elo de amor continuou, mas a comunidade tinha acabado; depois houve um distanciamento e surgiram divergências, que fragmentaram a trindade e afetaram de modos diferentes minhas ligações com cada um. Apesar disso, nos últimos anos consegui reencontrar Dionys, que me deslumbrara já na primeira vez em que o vi e de quem continuei gostando até o fim. A lembrança de Marguerite e de Robert também me é muito grata. Os três estão sempre presentes em mim e retornam em meus pensamentos e meus sonhos.

Vivi em outra comunidade feliz em La Jolla, na Califórnia, entre 1969 e 1970, na grande *villa* à beira-mar que o Instituto Salk de Pesquisas Biológicas reservara para mim; lá Johanne e eu alojamos nossa quase irmã Alanys, oriunda da tribo dos abenakis do Québec, minhas filhas, meu pai e minha tia Corinne, numa compreensão mútua finalmente atingida.

Estávamos ligados por grande estima a John e Chantal Hunt, Jacques Monod, Jonas Salk, Françoise Gilot, todo um círculo amistoso em que o baseado circulava de mão em mão, de lábio em lábio.

Estávamos o tempo todo nos encontrando em festas, jantares, espetáculos, entre os quais um inesquecível concerto de Janis Joplin. Participávamos de gigantescos encontros ao ar livre para ouvir bandas de rock. Debaixo de um som ensurdecedor, vivíamos a exaltação coletiva e os desmaios por overdose.

Eu vivia alegres imersões no universo hippie das comunidades adolescentes, para as quais as palavras *love* e *peace* pareciam dever exorcizar todo o mal do mundo e anunciar a nova era de Aquário.

Em Larkspur, perto de San Francisco, reencontrei Hélène, minha irmã de Toulouse. A casa dela estava sempre aberta e acolhia a todos. A cronologia desaparecera do tempo, os relógios estavam proscritos, e as atividades eram reguladas pelo curso do sol.

Uma civilização queria nascer e ia morrer, mas semeando na universidade de Berkeley os germes de uma aspiração e de uma revolta que provocou as rebeliões estudantis de 1968 no mundo. Eu vivia aquele milenarismo ingênuo com imenso fervor, porque sabia que nenhuma daquelas esperanças se realizaria.[1]

---

1 Ver meu *Journal de Californie*, Seuil, 1970 [Em port.: *Diário da Califórnia*, Sesc, São Paulo, 2012, trad. Carmen Cacciacarro (*N.T.*)].

Pela manhã, ia ao meu gabinete do Instituto Salk, onde lia os documentos e relatórios dos biólogos e descobria autores que contribuiriam para a minha nova formação sobre as complexidades — Ashby, Wiener, Bateson e, sobretudo, von Foerster. Saía de lá para ir me atirar sob as altas ondas do mar, de onde emergia para o almoço preparado por Johanne, e depois partíamos para fascinantes incursões no deserto bem próximo.

Finalmente, voltamos para a França pelo Japão e pela Ásia, conservando amizades queridas que durante muito tempo resistiram à dispersão; algumas ficaram para a vida toda.

Também quero lembrar a calorosa e harmoniosa comunidade de Xavier Bueno em Caldine, na Toscana, não distante de Fiesole, entre vinhedos e oliveiras, com seu filho Raffaele e sua companheira Eva. Lá, o cachorro, o gato, gansos e corvos comiam fraternalmente no mesmo comedouro.

Edwige e eu nos sentíamos tão felizes ali que tínhamos decidido fixar residência no lugar a partir do verão de 1979. Mas Xavier morreu naquele verão. Vivemos a estação numa comunidade fortalecida pela lembrança constante de nosso amigo.

Também houve as comunidades dos verões de Hammamet e Argentario com Michèle e Jean Daniel, Doune e Jean Ceresa, Évelyne e André Burguière...

As grandes venturas só têm um tempo.

Sua lembrança não me enche apenas de saudade, mas também de uma doce e triste alegria.

Estado poético e felicidade

Todos esses períodos de felicidade comportavam uma dimensão poética.

Se a primeira grande aspiração humana é realizar-se individualmente inserido numa comunidade, a segunda é levar vida poética.

Descobri a palavra que contém uma das grandes verdades de minha vida: poesia. Não só poesia dos poemas, como enunciou e anunciou o surrealismo, mas poesia da vida. Minha consciência da qualidade poética da vida data, acredito, do Festival de Poesia de Struga, iugoslava na época; ali proferi uma conferência que se cristalizou em meu livro *Amour, poésie, sagesse.*[2]

Por que poesia e não felicidade? Esses termos remetem um ao outro. O estado poético provoca o sentimento de felicidade, a felicidade tem em si a qualidade poética. E, para mim, o estado poético subjaz a toda felicidade, está no cerne de todas as felicidades, fugazes ou duradouras.

O que chamo de estado poético é o estado emocional diante daquilo que nos parece belo e/ou deleitável, não só na arte, mas também no mundo e nas experiências da vida, em nossos encontros. A emoção poética nos abre, dilata, encanta. É um estado alternativo de transe que pode ser suave numa troca de sorrisos, na contemplação de um rosto ou de uma paisagem, que pode ser forte no riso, amplo nos momentos de felicidade, intenso na festa, na comunhão coletiva, na dança, na música, e muito ardente, embriagador e exaltante no estado amoroso correspondido. A emoção poética, na exaltação suprema, pode chegar ao êxtase, à sensação de perder-se e de encontrar-se num arrebatamento ou numa comunhão sublime.

O estado poético começará com os sorrisos dos bebês, com o riso e as brincadeiras das crianças? Em todo caso, sua presença é desigual, dependendo do caráter ou do temperamento de cada um. As desven-

---

2 Seuil, 1997 [Em port.: *Amor, Poesia, Sabedoria*, Rio de Janeiro: Bertrand Brasil, trad. Edgard de Assis Carvalho (*N.T.*)].

turas, os esforços para sobreviver, o trabalho penoso e desinteressante, a obsessão pelo ganho, a frieza do cálculo e da racionalidade abstrata, tudo isso contribui para o domínio da prosa (com tudo o que esse termo contém de banalidade, insipidez e tédio) na vida cotidiana. Mas, mesmo assim, sempre ocorrem algumas fugas poéticas na vida da maioria das pessoas.

Não confundo prosa e infelicidade: na prosa há ausência de alegria; na infelicidade, há presença de sofrimento. Os que padecem a infelicidade, prisioneiros, excluídos, miseráveis, também estão condenados à prosa, ainda que às vezes conheçam momentos fugazes de poesia.

Ao longo dos anos constatei a invasão progressiva de uma prosa específica em nossa cultura. Assisti ao desaparecimento da convivialidade de minha adolescência no transcorrer dos anos do pós-guerra. As relações cordiais entre vizinhos, as conversas no balcão do bistrô, no metrô, os ajuntamentos de curiosos, tudo se reduziu ao extremo. O desaparecimento dos porteiros, dos fiscais e chefes de estação no metrô, dos cobradores nos ônibus, a rarefação dos cumprimentos aos vizinhos do prédio, o anonimato crescente, a correria, o nervosismo dos motoristas, tudo isso tornou prosaicas minha cidade e minha vida, até que tomei a decisão, com Sabah, de sair de Paris e ir para uma cidade do Sul, em cujo centro histórico só transitam pedestres e onde encontrei uma convivialidade perdida.

A degradação da qualidade de vida resulta da primazia do quantitativo na organização e no comportamento de nossa sociedade, portanto de nossa vida, em que o cálculo trata como objeto mensurável tudo o que é humano e, cego a tudo o que é individual, subjetivo e passional, só enxerga PIB, estatísticas, pesquisas, crescimento econômico.

Assim como Ivan Illich, acredito que a convivialidade é elemento capital da qualidade de vida, que ela é poetizante e possibilita atender no cotidiano à necessidade de reconhecimento que temos todos e que encontra a primeira satisfação no bom-dia que dizemos a desconhecidos encontrados de passagem.

Na infância, vivi momentos de poesia nos abraços de minha mãe, nos folguedos, nas primeiras leituras — as das aventuras de um bamba de treze anos ou dos "Pieds Nickelés"* no gibi *L'Épatant*, as dos romances da condessa de Ségur —, ou na atração erótica por ancas de cavalos ou de mulheres, assim como pela figura da publicidade do colete de algodão termogênico, andando nu com algodão sobre o peito e cuspindo fogo.

Isso para dizer que a poesia começa com a vida; ela eclode assim que aparece o que chamamos de "alegria de viver ", aquela que faz o bebê sorrir ou rir, o cão dar pulos, o gato se espichar, os jovens mamíferos brincar de dar mordidinhas ou brigar de mentira, aquilo que nós mesmos fazemos com alegria na infância, na adolescência e até na idade adulta: que prazer lutar por prazer!

Minhas experiências poéticas

Existem aquelas provocadas pelo deslumbramento diante de espetáculos naturais, que muitos sentem, mas não infalivelmente. Lembro-me daquelas palavras de um próximo de Lênin, exilado na Suíça; consta que, depois de uma escalada, ao chegar ao topo, diante de uma paisagem admirável, o revolucionário exclamou com irritação: "Ah! esses social-democratas!"

---

* Quadrinhos de Louis Forton. A expressão *pieds nickelés*, literalmente "pés niquelados", tem o sentido figurado de sedentário, indolente, molenga. [*N.T.*]

Há poesia da poesia que com frequência volto a relembrar, a dos romances e dos filmes que invadem nosso espírito, mergulhando-nos num estado diferente. É o que ocorre com Tolstói e Dostoievski.

Senti-me à beira do êxtase no Louvre, diante da *Pequena dançarina* de Degas, como menciono em minhas memórias.[3] Vivi intensos êxtases musicais e o êxtase supremo quando ouvi pela primeira vez o primeiro movimento da *Nona sinfonia* de Beethoven, na sala Gaveau, aos treze ou catorze anos. E fico de novo em transe assim que começa esse movimento.

Aspiramos ardentemente aos períodos de vida poética, mas eles chegam sozinhos, sem serem chamados ou previstos. Não basta desejar a poesia das grandes venturas para encontrá-la; é preciso uma conjunção de acontecimentos e situações benéficas, como uma feliz conjunção de planetas em astrologia. Então harmonia, serenidade e intensidade se confundem de maneira inefável.

Sim, essas venturas são possíveis, podem ser mais ou menos raras, mas constituem o essencial de nossa vida.

No entanto, desaparecem. Os elos se afrouxam, depois se rompem. Da rua Saint-Benoît a Caldine, em todo lugar onde houve uma comunidade maravilhosa, vi a dissociação desses elos indissociáveis, vi a indiferença e às vezes a hostilidade suceder ao amor que parecia inalterável. Vi e vivi a irresistível dispersão daqueles que se amavam, rumando cada um para um lado — dispersão prenunciadora da dispersão final de toda vida.

A poesia suprema é a do amor. Ela nasce dos rostos, dos olhares, dos sorrisos. Pode brotar de olhares que se cruzam de repente e eletrizam todo o ser. Emana do ser amado, e quando o outro deixa de inspirar

---

3 *Les souvenirs viennent à ma rencontre*, Fayard, 2019.

poesia, é o fim do amor. A poesia culmina em êxtase convulsivo no coito. E, quando há amor de verdade, não há tristeza, mas ternura após o coito. Cada mulher amada, no casamento ou não, me trouxe sua poesia, e a poesia de amor não parou de alimentar minha vida.

Mas há também os êxtases trevosos, os êxtases dementes dos abismos de Eros, nos quais mergulhei em duas experiências, nas quais os delírios se tornam delícias, e o obsceno, sagrado.

As pequenas venturas

Também preciso mencionar momentos fugazes de poesia venturosa que nos atingem como lufadas vindas de quase nada, porque estamos andando, e o corpo nos fala de sua alegria de funcionar como uma boa máquina. A poesia se intensifica quando se anda sob o sol de inverno ou sob uma bela chuva de primavera. Tive um instante de alegria poética ao ver na rua, numa parada de ônibus, o rosto de uma jovem iluminado por maravilhoso sorriso, enquanto ela lia uma carta. Muitas vezes encontrei a poesia na rua, num mercado, num restaurante e, sobretudo, contemplando no metrô rostos femininos, jovens, maduros ou idosos, de um mistério insondável.[4]

Inúmeras são as pequenas venturas poéticas: degustar o Beaujolais Nouveau da casa Chermette, gritar no estádio quando meu time marca um gol, dar um pedacinho de pão a uma gaivota que vem bicá-lo em minha sacada, ler ou ouvir piadas, preparar minha berinjela "à parmegiana"...

---

4 Pode-se compreender meu sentimento, lendo-se minhas *Poésies du métropolitain*, coletânea de poemas escritos aos 28 anos, publicado em 2018 pela Descartes & Cie.

Êxtases da história

Passo agora aos momentos históricos que me transmitiram o sentimento eminentemente poético que é o entusiasmo. Na adolescência, vivi a greve geral de junho de 1936 como uma grande onda de fraternidade e esperança. A confraternização foi efetiva, mas a esperança, ilusória.

Quero mencionar sobretudo o que chamei de êxtases da história, momentos extraordinários, raros e fugazes, de emancipação, liberdade, fraternidade, como foi para mim e tantos outros a libertação de Paris, depois de uma semana intensa de insurreição. Na madrugada de 24 de agosto de 1944, todos os sinos das igrejas começaram a tocar enquanto os prédios ocupados pelos serviços alemães estavam em chamas. Meus camaradas do MNPGD* e eu estávamos no terraço que dava para a "Casa do Prisioneiro", na praça de Clichy, que ocupávamos desde o início da insurreição. Chega até nós uma notícia: os tanques Leclerc chegaram à sede da Prefeitura. Vamos para lá enquanto nasce a aurora e ali encontramos os tanques da 9ª companhia da divisão Leclerc com seus combatentes exaustos, felizes, e lhes agradecemos chorando de alegria.

Depois, em 26 de agosto, houve o grande desfile do Arco do Triunfo à Prefeitura, conduzido por de Gaulle e pelos membros do Conselho Nacional da Resistência, seguidos pelas Forças Francesas do Interior, a pé ou de carro, e por uma multidão imensa. Eu estava presente, de pé, segurando a bandeira tricolor num veículo de capota aberta, dirigido por Georges Beauchamp, com Violette, Marguerite, Dionys. O júbilo foi repentinamente interrompido por disparos contra o cortejo que, na esquina da avenida que ainda não se chamava Franklin Roosevelt,

---

* Movimento Nacional dos Prisioneiros de Guerra e Deportados. [N.T.]

se dispersou em parte, enquanto o nosso carro avançava, sempre com a bandeira ao vento, sob os projéteis atirados dos tetos, aplaudido pelos parisienses aglomerados debaixo dos toldos das grandes lojas do boulevard Haussmann.

Também estava no encontro com a História em Lisboa, em abril de 1974, poucos dias depois da queda da ditadura, na primeira euforia da Revolução dos Cravos, junto a amigos queridos. Depois, os conflitos internos quase transformaram a revolução em democracia popular.

Foi só por procuração, pela televisão, que vivi a embriaguez de liberdade que foi a derrubada do muro de Berlim, em 9 de novembro de 1989, por centenas de milhares de alemães orientais, logo seguida pelas confraternizações com os ocidentais. Fiquei profundamente comovido com o momento sublime em que Rostropovitch tocou Bach no violoncelo, ao pé do Muro pacificado. Em Moscou, aonde fui diversas vezes entre 1989 e 1991, durante a perestroika e a glasnost, senti o sopro da liberdade durante algum tempo, antes da recaída.

Também gosto das emoções coletivas de uma partida de futebol ou de rúgbi. Gosto da espécie de coito que é o momento em que a bola penetra na rede, provocando o transe frenético do atacante e dos jogadores do seu time, enquanto a torcida delira, o que também me impacta. Há décadas, só vejo os jogos pela televisão, mas me amarro no Torneio das Seis Nações de rúgbi e, principalmente, na Copa do Mundo de futebol. E, nos dois casos em que a França saiu vitoriosa, vivi o êxtase coletivo, quando nos tornamos todos irmãos durante algumas horas.

Mas há um perigo no estado poético cujo caráter místico pode se tornar não só mítico, como também maléfico.

Por isso, a poesia de comunhão pode ser trevosa e malfazeja, como nas grandes aglomerações nazistas de Nuremberg, onde o amor ao

Führer e à Nação não está dissociado do orgulho idiota da pseudos-superioridade ariana. Há poesia trevosa na alegria sádica de quem tortura e humilha.

O estado de poesia degenera quando exclui, quando se fecha no gozo egoísta e, sobretudo, quando acompanhado de ódio e desprezo. Significa que o estado realmente poético, o que faz desabrochar, não pode ser fechado. Ele alimenta sua poesia de abertura, abertura para o outro, abertura para o mundo, abertura para a vida, abertura para a humanidade.

A necessidade de reconhecimento

Já não sei quando percebi claramente que, além da satisfação das necessidades materiais (comer, vestir, ter recursos financeiros, ter proteção), o ser humano sente uma necessidade essencial, de caráter universal, que eu mesmo senti pessoalmente e constatei em minhas relações com os outros: a necessidade ou desejo de reconhecimento. Hegel foi quem primeiro concebeu esse desejo a partir de sua dialética do senhor e do escravo e, mais amplamente, na ideia de que "a autoconsciência só chega à satisfação em outra autoconsciência".

O desprezo, a indiferença, a discriminação de classe, raça e hierarquia são flagelos de civilização que, impondo a humilhação, impedem os que a sofrem de ser reconhecidos em sua plena qualidade humana. Os submetidos, os explorados sentem ainda mais necessidade de reconhecimento porque são tratados como sub-humanos ou objetos. Axel Honneth, em *Luta por reconhecimento*,* interpreta a partir de Hegel os conflitos humanos na perspectiva de uma "demanda de reconhecimento".

---

* Editora 34, São Paulo, 2003, trad. Luiz Repa. [*N.T.*]

Desse ponto de vista, parece claro que muitos protestos, muitas demonstrações populares de cólera e revolta, como o movimento dos Coletes Amarelos, comportam nos participantes — não unicamente, claro, mas de modo incontestável — a necessidade de ser reconhecidos em sua plena qualidade humana, o que se chama dignidade.

Essa necessidade de reconhecimento se manifesta de maneira específica na amizade ou no amor. Ser amado é ser considerado digno de amor; ser admirado é ser reconhecido como pessoa boa e bonita. Ser estimado satisfaz a necessidade de autoestima, cujo pilar é o reconhecimento por outrem.

O bom-dia tradicional a um desconhecido ou a um vizinho é sinal elementar de reconhecimento: "Tu existes, eu te reconheço como ser humano", enquanto o desaparecimento dessa saudação no anonimato é uma degradação de nossa aptidão para o reconhecimento do outro.

Os homens e as mulheres tratados unicamente como objetos estatísticos deixam de ser reconhecidos como seres humanos. Pode-se até dizer que o primado do quantitativo dos tecnocratas e econocratas, que dissolvem a humanidade dos humanos em números, só faz superexcitar a necessidade antropológica de reconhecimento.

Saber viver associa a aspiração à "verdadeira vida", a necessidade de realizar as próprias aspirações pessoais na relação permanente entre o Eu e o Nós, a qualidade poética da vida, a satisfação do desejo de reconhecimento. Não existe receita para o saber viver, como não há receita para a felicidade. Mas às vezes há exemplos. E a aspiração ao saber viver está mais ou menos consciente em cada um de nós.

O que fazer de nossa vida, senão manter incessantemente o saber viver?

4

A complexidade humana

De meu pai não recebi nenhuma cultura, nenhuma convicção religiosa, política ou ética.

Portanto, ao longo das crises, das tormentas, do tumulto, do caos e dos delírios dos anos 1930-1940, que foram os anos de minha adolescência, procurei sozinho as respostas a minhas curiosidades sobre a vida, o mundo, a sociedade, os acontecimentos. Fui levado a me indagar sobre todas as coisas e, cada vez mais, sobre política e sociedade. Os acontecimentos surpreendentes, alarmantes e apavorantes do período estimulavam minhas interrogações. Em dez anos, vivi uma sucessão de conturbações históricas. Como interpretar o curso atormentado da história que vivíamos? Como agir? Como reagir?

A condição humana

Sem conhecer ainda as questões fundamentais formuladas por Kant, eu era espontaneamente inspirado por elas: o que posso conhecer? que devo fazer? o que me é permitido esperar?[1]

Elas eram o tempo todo estimuladas e intensificadas pelos acontecimentos cada vez mais ameaçadores que precederam a guerra.

Fui levado a me indagar sobre a História e a condição humana, não só sob a pressão de acontecimentos que pareciam escapar a qualquer racionalidade, como também sob a influência de meu amigo Georges Delboy, que conheci nas reuniões estudantis da Frente Popular, fortemente influenciado por seu professor de filosofia marxista, René Maublanc. Delboy me convencia de que apenas um pensamento como o de Marx, fundamentado ao mesmo tempo em filosofia, ciência, sociologia, economia, história e política, reunindo em si os saberes dispersos e compartimentados entre disciplinas, poderia nos levar a um conhecimento adequado dos problemas humanos.

A guerra foi declarada exatamente no ano em que entrei na universidade. Aniquilou todas as minhas esperanças políticas, mas, mesmo assim, me incitava a estudar, não para fazer carreira, mas para conhecer as realidades humanas. Eu havia compreendido que, previamente a qualquer crença e esperança, há a necessidade de saber o que é o homem, tal como enunciara Kant. Por isso, já naquela época, decidi a orientação e a vocação de toda a minha vida. Como os conhecimentos sobre as realidades humanas estão separados e compartimentados em disciplinas, inscrevi-me na faculdade de letras para obter o diploma

---

1 Ver Kant, *Lógica*, 1800.

em filosofia (que em seu programa continha sociologia e psicologia) e em história e geografia, na faculdade de direito para as ciências econômicas, e na Escola de Ciências Políticas. Meu exílio em Toulouse, em junho de 1940, obrigou-me a abandonar esta última. Apesar disso, fiquei inconscientemente comprometido com a pesquisa de uma antropologia complexa. Fui guiado pelo pensamento de Marx, em especial o dos *Manuscritos econômico-filosóficos*, em que ele afirma que as ciências da natureza e as ciências humanas precisam abraçar-se.

Estava então convencido de que as infraestruturas das sociedades humanas são materiais e econômicas, e que ideias, mitos ou crenças nada mais são que superestruturas dependentes.

Poder do mito

Oito anos depois, durante a crise de minha ruptura subjetiva com o stalinismo, escrevi *O Homem e a Morte*. Eu descobria que o mito, a religião, as ideologias constituem uma realidade humana e social tão importante quanto os processos econômicos e os conflitos de classe, o que me fez abandonar a concepção marxista que racionaliza a história humana a partir da infraestrutura econômica. Em virtude do caráter extremamente diversificado, mas universal, das crenças na vida após a morte (sobrevivência, renascimento, ressurreição, paraíso...), percebi que o imaginário é parte constitutiva da realidade humana.

Ao refletir sobre nossa condição mortal, surgiram dois paradoxos. O primeiro é que, desde os neandertais, a consciência humana reconhece plenamente a realidade da morte, que é perda da atividade cardíaca e mental, rigidez cadavérica, decomposição irremediável do corpo. No entanto, esse reconhecimento empírico da morte é superado — e isso também já com os neandertais — tanto na crença da sobrevivência em forma de espectro ou fantasma, quanto na do renascimento em forma humana ou animal. E mais tarde, no Império Romano e na Arábia, a morte será superada na prometida ressurreição pelas duas grandes religiões da redenção, que são o cristianismo e o islamismo.

O segundo paradoxo é que, em todas as civilizações, o horror à morte, tão profundamente ancorado na consciência humana, pôde ser dominado pela exposição voluntária ao risco de morrer ou mesmo pelo sacrifício da própria vida, em prol dos filhos, da família, da pátria, da religião.

Homo sapiens demens

Depois de minhas diversas experiências intelectuais e vivenciais, quando abordei a antropologia de frente em meu livro *O paradigma perdido: a natureza humana*, todas as loucuras políticas, sociais e bélicas (tanto individuais, quanto coletivas) que eu constatara antes da guerra, durante a guerra e ao longo da guerra fria, incitaram-me a associar de modo antagônico e ao mesmo tempo indissolúvel *Homo demens* a *Homo sapiens*.

O que me possibilitava essa associação dos contrários era minha consciência das contradições humanas, formuladas de modo admirável e definitivo por Pascal, que se tornou uma de minhas fontes permanentes. Essa consciência de que o pensamento precisa enfrentar, e não eliminar, a contradição eu também encontrava em Hegel e, mais fundamentalmente, em Heráclito, que escreveu: "Concórdia e discórdia são pai e mãe de todas as coisas" e "O que é contrário é útil, e da luta dos contrários nasce a harmonia".

A complexidade humana se expressa por uma série de bipolaridades:

— *Homo sapiens* (racional, sensato) é também *Homo demens* (louco, delirante);

— *Homo faber* (criador de ferramentas, técnico, construtor) é também *Homo fidelis* ou *religionis*, *mythologicus* (crente, crédulo, religioso, mitológico);

— *Homo œconomicus* dedicado ao lucro pessoal também é insuficiente e precisa dar lugar ao *Homo ludens* (lúdico) e ao *Homo liber* (que pratica atividades desinteressadas).

Em suma, o substrato de racionalidade que se encontra em *sapiens*, *faber* e *œconomicus* constitui apenas um polo do que é humano (indivíduo, sociedade, história), enquanto se mostram com importância no mínimo igual a paixão, a fé, o mito, a ilusão, o delírio, o lúdico.

E, com isso, posso conceber que a loucura não é apenas a dos infelizes internados em manicômios, mas também a da ira, verdadeiro acesso temporário de demência. A loucura do húbris ou desmedida, a das ambições insaciáveis e sem limites, caracterizam não só indivíduos ávidos de poder e riquezas, como também Estados — e eu diria a própria civilização ocidental, obstinada no quimérico domínio da Terra.

Para conceber a História, seria preciso casar Marx e Shakespeare. Acredito que Florio, aquele italiano de origem judaica, que se converteu e emigrou para a Inglaterra, foi o inspirador do niilismo das tragédias de Shakespeare, para quem está ausente qualquer redenção.

Só mais tarde entendi outro aspecto paradoxal de *sapiens*: a razão fria, do cálculo, das estatísticas, da economia, é inumana no sentido de ser cega para os sentimentos, as paixões, a felicidade, a infelicidade, a tudo o que constitui nosso ser.

Uma razão pura e gélida é ao mesmo tempo inumana e irracionável. Por isso, viver é uma arte incerta e difícil, em que tudo o que é paixão, para não sucumbir ao desvario, precisa ser vigiado pela razão, em que a razão precisa ser animada por uma paixão, a começar pela paixão de conhecer.

A grande lição que extraí disso é que toda paixão precisa comportar a vigilância da razão, e toda razão precisa comportar o combustível da paixão.

Minha trajetória em direção a um conhecimento complexo do humano levou-me à extrema e inelutável pergunta: o que o conhecimento humano pode conhecer do próprio homem?

Percebi as carências de nosso modo de conhecimento dominante, baseado na disjunção (daquilo que está junto) e na redução (de um todo a seus elementos constitutivos), donde as dificuldades de conhecimento de que trato no último capítulo.

Por fim, percebi que uma das grandes incógnitas do conhecimento é o próprio conhecimento.

Homo edgarus

Não pude nem quis fugir à multipolaridade humana, mas tentei, na medida do possível, integrar a racionalidade em mim e ligá-la ao que lhe escapa, a poesia da vida, que comporta a paixão. Não pude escapar de acessos de raiva nem a acessos dementes de Eros.

Sou *faber*, em pequena escala como faz-tudo doméstico, e em grande escala como arquiteto de minha obra, em especial do pensamento complexo.

Sou *religionis*, durante cinco anos tive fé na redenção terrena pelo comunismo, mas conservo a religião da fraternidade e da Terra-Pátria.

Sou *œconomicus*, ganhei a vida com meu salário de pesquisador e com meus direitos autorais, mas um *œconomicus* que nunca amou o dinheiro, pois logo dilapidei meus proventos e me vejo nu no crepúsculo de minha vida.

Sou *ludens*, adoro jogar, brincar, fazer piadas, adoro as grandes partidas de futebol e de rúgbi, e sou *liber* ao me dedicar com frequência a atividades desinteressadas.

E, se abordo a última bipolaridade, prosa/poesia, tento, na medida do possível, escapar da prosa imposta pelas obrigações, mas também às coerções de minha vida e de minha civilização. Gosto de atingir estados poéticos, ainda que efêmeros, como a voltinha do começo de tarde, sob o sol que inunda a rua Plan-du-Palais, em Montpellier.

Por isso, diagnostiquei em mim quatro demônios (no sentido grego do termo), que parecem ao mesmo tempo nos possuir de fora para dentro e nos inspirar por dentro. Eles são antagônicos e complementares, fizeram de mim quem sou e o fazem o tempo todo: razão/religião/ceticismo/misticismo.

Falei da razão necessária e insuficiente, falei de minha religião do amor e da fraternidade. Mencionei meu niilismo infantil que depois se tornou ceticismo, ativo mesmo no coração da religião. Quanto ao misticismo, é o dos enlevos que sinto nas emoções poéticas de minha vida.

Juvenilização e incompletude

Na época da revista *Arguments*, antes da redação de *Paradigma*, fiquei impressionado pela teoria de Bolk, segundo a qual o homem seria um primata que conservou um caráter fetal, diferentemente dos macacos: ausência de sistema piloso no corpo, rosto reto, e não prolongado em focinho, prepúcio em torno da glande. No plano psicológico e afetivo, o homem adulto pode conservar as curiosidades da criança e as aspirações do adolescente, bem como os fortes sentimentos de afeição pelos pais e por amigos. Daí provém a ideia de que o processo de hominização foi um processo de juvenilização e, ao mesmo tempo, de bipedização, cerebralização, manualização.

Daí também provém a ideia de incompletude ligada à humanização. A incompletude cria um sentimento de falta, ausência, uma necessidade de amor e de fervor, uma aspiração ao absoluto. Heidegger diagnosticou essa busca de absoluto na angústia inerente ao ser que somos, a quem falta e sempre faltará alguma coisa.

Inconstância e versatilidade humana

As relações entre *sapiens, demens, faber, mythologicus, œconomicus, ludens* e *liber* podem ser flexíveis e mutáveis em cada indivíduo.

Daí decorrem as inconstâncias de tantos de nós, capazes do pior e do melhor, compreensivos em certos casos, obtusos e insensíveis em outros, alternadamente bons e maus, ao mesmo tempo idealistas e cínicos. As relações entre racionalidade/paixão/delírio/fé/mito/religião, em cada um, são permutáveis, instáveis e modificáveis. O humano não é bom nem mau, é complexo e versátil.

60   LIÇÕES DE UM SÉCULO DE VIDA

Também é preciso contar com evoluções e transformações. Cada um evolui desde a infância, sob efeito de circunstâncias, influências e experiências, inclusive na idade adulta e na velhice.

Por fim, é preciso levar em consideração mudanças de rumo e conversões, tanto em escala individual quanto nacional.

São inúmeros os transvios provocados por conturbações históricas, que, por sua vez, conturbam e extraviam as mentes. Entre os múltiplos transvios que pude observar, vi a Assembleia Nacional da Frente Popular votar plenos poderes para o marechal Pétain. Vi pacifistas de esquerda transviar-se para Vichy e, depois, já não colaborar com uma *pax germanica* (em 1940 e início de 1941), mas com a guerra alemã e o nazismo. Vi socialistas transviando-se para uma Europa nazista que, segundo acreditavam, se tornaria socialista. Vi o líder comunista Doriot tornar-se nazista e morrer com o uniforme da Waffen SS. Vi na Alemanha, nos anos 1930, massas antifascistas passando para o fascismo e, depois, na Itália, massas fascistas passando para o antifascismo. Vi comunistas animados pela mais bela ideologia fraterna tornar-se desumanos e cruéis. Vi intelectuais, acima de todos o apóstolo do racionalismo, Julien Benda, justificar os julgamentos manipulados e dementes da era staliniana. Vi Dominique Desanti, gatinha travessa, transformar-se em tigresa impiedosa e escrever o livro vil e estúpido, *Masques et visages de Tito et les siens.** Vi o cético e sutil Pierre Courtade, assim como o imenso Pierre Hervé, justificar em termos abjetos julgamentos também abjetos. Vi o bom André Mandouze legitimar do seguinte modo os assassinatos e as calúnias da Frente de Libertação Nacional contra os messalistas: "O que você

---

* Literalmente, Máscaras e rostos de Tito e dos seus. [*N.T.*]

quer, não se faz omelete sem quebrar os ovos." Vejo atualmente espantosos transvios intelectuais, e veremos outros...

As transformações da idade e da experiência não são necessariamente conquistas de lucidez. Foi assim que tantos comunistas, maoistas e trotskistas desenganados se converteram ao nacionalismo xenófobo ou à religião da infância. Por minha vez, mesmo conservando as aspirações da juventude e rejeitando para sempre as lógicas sectárias, converti-me à autonomia política total.

Há, por fim, o espantoso fenômeno da transformação de uma convicção em seu contrário: a iluminação. Foi o que aconteceu a Saulo, que se tornou Paulo, no caminho de Damasco; foi o que aconteceu ao Agostinho incréu libertino, que se tornou modelo de fé e devoção; foi o que aconteceu a Paul Claudel na missa de Natal de 1886 na catedral de Notre-Dame, quando o ateu foi iluminado pela graça: "Num instante meu coração foi tocado, e eu cri." Do mesmo modo Charles Péguy e Ernest Psichari, neto de Ernest Renan, converteram-se no início do século XX. Mais tarde, outros, como Paul Éluard, se converteram ao comunismo para escapar do niilismo ("Se o Partido não existisse, eu abriria a torneira do gás").

O caminhar do espírito subterrâneo

Com certeza houve conversões progressivas, mas por muito tempo invisíveis aos outros e talvez à própria pessoa, decorrentes de um caminhar subterrâneo do espírito. Foi o caso do jovem Juan Carlos, que, criado no franquismo integrista, ao subir ao trono se tornou o fiador da democracia espanhola. Foi o caso de Mikhail Gorbatchov, secretário geral do Partido Comunista da União Soviética, *apparatchik*-mor, que se transformou em humanista europeu e planetário, certamente herdeiro do humanismo marxiano, mas indo além dele. Por fim, foi o espírito subterrâneo que transformou o bispo Bergoglio, aparentemente conformista, no papa Francisco que reata com a mensagem evangélica de fraternidade e se torna porta-voz da humanidade diante do perigo ecológico e da explosão globalizada do lucro.

Devo dizer que, para mim, uma das coisas mais consoladoras do mundo é saber que, em espíritos aparentemente concordantes com as convicções políticas ou religiosas que lhes foram inculcadas, o trabalho subterrâneo da consciência transfigurou pessoas que, como Gorbatchov ou o papa Francisco, se tornaram porta-vozes do gênero humano.

A trindade humana

Acabo de mostrar a complexidade inerente aos indivíduos. Devo rapidamente indicar que essa complexidade individual é um dos três termos da trindade complexa indivíduo/sociedade/espécie que define o humano.

Nessa trindade humana, como na Santa Trindade, cada um dos termos é ao mesmo tempo gerador dos outros e gerado pelos outros. Desse modo, os indivíduos são gerados pela espécie e a geram na união sexual reprodutora. As interações entre indivíduos geram a sociedade, mas esta retroage sobre os indivíduos, que integram em si a linguagem e a cultura dela, de tal modo que ela realiza a plena humanidade deles. Cada um dos três termos está no interior dos outros. Assim, a

A COMPLEXIDADE HUMANA 63

sociedade, que é o todo, está no interior dos indivíduos, que estão no interior da sociedade, e a espécie como patrimônio hereditário está inclusa no DNA de cada uma de nossas células, ao mesmo tempo que nos engloba em si.

Possuímos nossa vida e nossos genes, mas somos possuídos pela força organizadora deles, que opera o funcionamento de nosso coração, nossos pulmões, nossas artérias, nosso sistema digestivo.

Nossa mente, por outro lado, é possuída por mitos, religiões e ideologias que, sendo produtos da mente humana, tornaram-se senhores e dominadores, exigindo adoração e sacrifícios. Enfim, ficamos em estado de transe e quase possessão no amor, no entusiasmo, na dança.

"Despertos, dormem", escreveu Heráclito. Em certo sentido, somos sonâmbulos superficialmente despertos.

Desejo que este capítulo provoque no leitor a consciência das complexidades humanas, tão amiúde mascaradas por simplismos, unilateralismos e dogmatismos.

5

Minhas experiências políticas: na torrente do século

A política surgiu em meu pensamento quando eu tinha treze anos, depois da manifestação antiparlamentar de 6 de fevereiro de 1934. Vi que meus colegas de classe se dividiam e se opunham, às vezes com violência, entre os partidários da Cruz de Fogo e os da frente comum social-comunista (que em breve se ampliaria com os radicais, sendo conhecida como Frente Popular).

Como eu não tinha nenhuma convicção preestabelecida, as opiniões contrárias favoreciam um ceticismo de que me impregnara na leitura de Anatole France.

Depois, naqueles anos atormentados, construí minha própria cultura, que ficou como base de minhas ideias políticas sucessivas até hoje. Ela somava, por um lado, a tradição humanista francesa, de Montaigne a Romain Rolland, passando por Montesquieu, Voltaire, Diderot, Rousseau, Hugo, e, por outro lado, o humanismo russo de Tolstói e, sobretudo, Dostoievski, que comporta grande sensibilidade à miséria e às tragédias humanas (ausente no humanismo ocidental) e me imbuiu, para sempre, de horror a tudo o que ofenda e humilhe.

Isso enraizou em mim uma repugnância, ainda intacta, ao desprezo ou à discriminação étnica, religiosa, racial. A tudo isso se aliaram estreitamente as ideias mestras da Revolução Francesa e os pensamentos socialistas.

Sem dúvida, a consciência de ser oriundo de um povo maldito durante um milênio, consciência alimentada pela virulência do antissemitismo dos anos 1930-1940, fortaleceu em mim a compaixão por todos os malditos, vencidos, subjugados e colonizados. Mas sempre quis me situar no nível universalista do humanismo.

As lições do pré-guerra

Foi retrospectivamente, depois da guerra, que tomei consciência do fato de que nos anos 1930, a partir da crise econômica de 1929, assistiu-se à formação de um ciclone histórico gigantesco que se desencadeou de 1940 a 1945 na forma de guerra mundial, provocando de 50 a 70 milhões de mortos e um número ainda maior de feridos, órfãos e viúvas.

Presa na espiral ciclônica dos anos anteriores à guerra, minha mente foi tomada por grande confusão. Às palavras democracia e capitalismo, que me chegavam cheias de interrogações, somaram-se: socialismo, comunismo, revolução, fascismo e antifascismo; ao mesmo tempo, a Alemanha nazista se rearmava, reivindicava e obtinha territórios, ocorriam os julgamentos demenciais de Moscou, a Frente Popular subia ao poder na França, explodia a guerra na Espanha,[1] com as intervenções alemãs, italianas e soviéticas. Depois houve os acordos de Munique, que entregaram a Tchecoslováquia à Alemanha hitlerista.

Enquanto buscava minhas verdades políticas, eu sentia em mim pulsões contraditórias. A revolução me parecia necessária, mas perigosa; a reforma me parecia necessária, mas insuficiente. Eu me convertera ao pacifismo por influência dos testemunhos sobre a guerra de 1914-1918, e minha convicção pacifista me deixou cego para o temível imperialismo nazista que ameaçava a Europa.

Tateando, prossegui na busca de minhas verdades políticas, acabando por me aliar aos que procuravam uma terceira via que superasse as crises econômica e democrática, e, principalmente, evitasse o fascismo e o stalinismo. Em 1938 aderi ao pequeno Partido Frentista, fundado por Gaston Bergery em 1936, que, sendo ao mesmo tempo antifascista e antistalinista, lutava em duas frentes e preconizava um socialismo democrático em âmbito nacional.

Eu tomara consciência da crise da democracia, da crítica feita pelo marxismo ao capitalismo, da ignomínia inerente ao nazismo e da ignomínia inerente ao stalinismo — embora esta última consciência viesse a se enfraquecer e, depois, a desaparecer em 1942.

Não tomara consciência do sonambulismo que, apoderando-se da população, dos políticos e dos militares — com algumas notáveis exceções —, cegava para o perigo essencial da época: o aterrador aumento de poder de uma Alemanha nazista. Guiada pelo mito aluci-

---

1 Eu estava indignado com a repressão aos anarquistas e poumistas pela República Espanhola em plena guerra, o que provocou meu primeiro ato militante junto à libertária "Solidariedade Internacional Antifascista".

nado de sua superioridade "ariana", ela se dedicava não só a recuperar os territórios de língua alemã, mas principalmente a conquistar seu espaço vital colonizando as populações eslavas.

Nós (e aqui me incluo) não tínhamos tomado consciência da natureza e da ascensão do totalitarismo, que começara de maneira parcial na Itália e depois ganhara por inteiro a URSS e quase inteiramente a Alemanha nazista, onde uma parte da economia continuava privada, sob controle estatal.

O pacto germano-soviético foi um golpe totalmente imprevisto. Enquanto patinavam as negociações entre soviéticos e anglo-franceses, que rejeitavam que a URSS entrasse na Polônia em caso de invasão nazista, as duas potências absolutamente inimigas nos âmbitos ideológico e político, Alemanha nazista e União Soviética, firmaram um pacto de não agressão que incluía partilha da Polônia, repartição das zonas de influência, cooperação econômica e até a entrega aos nazistas dos comunistas alemães refugiados na URSS.

Que lições extrair dessa experiência? A da inconsciência sonambúlica inerente às épocas que precedem e preparam os desastres históricos. A das enormes consequências dos erros, cegueiras e ilusões dos dirigentes e das populações. A da incapacidade geral de apreender o caráter novo dos totalitarismos e, sobretudo, de compreender a vontade implacável da Alemanha hitlerista de dominar e colonizar a Europa eslava.

Essa sucessão de acontecimentos inesperados é alucinante, a começar pela crise econômica de 1929 e pela ascensão de Hitler ao poder, até o pacto germano-soviético, que foi o último e mais espantoso acontecimento de antes da guerra.

As lições da guerra e da Ocupação

Depois do sonambulismo da "guerra de mentira", aquele estado de paz na guerra, fomos surpreendidos pelo súbito ataque alemão em 10 de maio de 1940 e pelo colapso dos exércitos anglo-franceses. Nunca a França tinha sido invadida tão depressa e em sua totalidade, nunca seus exércitos tinham sido derrotados tão depressa e em sua totalidade. Mais uma vez, o inacreditável se tornava real.

Imediatamente, Vichy atribuiu à Frente Popular a responsabilidade pelo desastre, esquecido da culpa do estado-maior, que enviara os exércitos aliados para a Bélgica e a Holanda, enquanto Guderian introduzia seus tanques pelas Ardenas — "impenetráveis" e "intransponíveis", segundo o marechal Pétain —, apoderava-se de Sedan e surpreendia pela retaguarda as tropas anglo-francesas, arremetendo para Dunquerque. Todos os dispositivos franceses ruíram sob os assaltos da Wehrmacht. Paul Reynaud foi substituído pelo marechal Pétain, que, de Bordeaux, pediu o armistício em 17 de junho e o obteve no dia 24, com as consequências que conhecemos.

A experiência inaudita de junho de 1940 foi de uma França em decomposição. Não só o exército se fragmentava, e as tropas debandavam, como também, partindo do Norte, de Paris, da Alsácia, da Lorena, da Bretanha e do Centro, milhões de franceses invadiam as estradas para o Sul, de carro, carroça ou a pé, às vezes sob a metralha dos aviões alemães. Viram-se inúmeros casos de solidariedade e inúmeros de recusa de solidariedade. Essa é uma das lições que extraí dessa experiência: as catástrofes (e a pandemia de covid é uma) suscitam dois comportamentos contrários, o altruísmo e o egoísmo.

Por minha vez, em Toulouse, vivi então a solidariedade entre estudantes refugiados, a benevolência generosa do professor Faucher, que para eles organizava acolhida, alimentação e alojamento.

Estava quase esquecendo de indicar mais uma característica típica dos desastres. A proliferação dos boatos: já nas primeiras derrotas, afirmava-se que os alemães haviam colocado na retaguarda do *front* espiões e sabotadores civis que formavam uma quinta-coluna. A caça aos espiões fez algumas vítimas inocentes. Depois da derrota, houve a divulgação espontânea das profecias de santa Clotilde, que anunciavam o restabelecimento vitorioso da França. Inúmeros boatos correram sob a Ocupação, um dos quais, otimista, sobre o fracasso do desembarque alemão na Inglaterra.

O mito Pétain teve uma força tutelar imensa, que decresceu lentamente. O vencedor de Verdun, marechal de França, só podia servir os interesses da Nação. Sua imagem de bom vovô era tranquilizadora, protetora. Foram necessárias muitas capitulações para enfraquecê-la. Na verdade, a despeito dos meios de comunicação, que durante a Ocupação defendiam unanimemente a colaboração, a despeito das declarações gaullistas na Rádio Londres, denunciando a traição, boa parte da opinião pública francesa forjara sua própria concepção, que ao mesmo tempo assegurava e justificava o imobilismo: o pétain-gaullismo. Pétain era o escudo protetor; de Gaulle, a espada libertadora. Até mesmo a ideia de conivência entre os dois circulava nas conversas particulares.

Os racionamentos, em especial de alimentos, deram força ao mercado paralelo. Este gerava muita corrupção, mas também solidariedade. Famílias camponesas (a França ainda era majoritariamente rural) enviavam a parentes citadinos manteiga, queijos, frangos etc.

Amigos permutavam serviços, e o mesmo ocorria entre fornecedores e fregueses. A cabeleireira Mme Blanc, em Lyon, em cuja casa meu pai morou algum tempo, dava-lhe embutidos diversos e outros víveres, presentes das clientes.

A Ocupação foi reveladora da extraordinária inventividade humana quando a penúria se instala. Mostrou uma resistência massiva, frequentemente passiva, às verdades oficiais, que às vezes se manifestava por meio de vaias no cinema, ao projetarem atualidades alemãs. Uma resistência massiva não decerto diretamente ao ocupante, mas à adversidade criada por ele.

Apesar de todos os meios oficiais de comunicação gabarem a benevolência alemã e as vitórias da Wehrmacht, boa parte da opinião pública permaneceu hostil aos alemães, recusando-se a acreditar nas suas vitórias.

A derrota, a Ocupação, a colaboração e, depois, a Resistência provocaram transformações extraordinárias em muitas pessoas. Já indiquei que pacifistas de esquerda, por horror à guerra, aceitaram a *pax germanica*, a paz alemã. Quando essa paz desapareceu na guerra que se tornou mundial, esses pacifistas iniciais afundaram no belicismo pró-alemão e condenaram a Resistência. Joseph Darnand, que teria tentado partir para Londres em 1940, em 1943 tornou-se chefe da Milícia, a pior forma de colaboração. Nacionalistas antialemães tornaram-se colaboradores pró-nazistas. Outros se tornaram comunistas ou socialistas, como Claude Roy, Daniel Cordier, Emmanuel d'Astier de La Vigerie. Internacionalistas tornaram-se patriotas.

Na Resistência houve conflitos entre comunistas e gaullistas, mas nunca tão violentos quanto na Iugoslávia. O poderoso Movimento de Libertação Nacional (MLN) contava numerosos submarinos comunistas entre seus dirigentes, o que amortecia as rivalidades. Também houve conflitos no Conselho Nacional da Resistência, mas para muitos, entre os quais me incluo, a Resistência foi uma experiência magnífica de fraternidade. A Libertação foi um momento sublime, mas teve suas mazelas: tosa dos cabelos e estigmatização das mulheres que se deitaram com alemães, falsas denúncias, ferocidade purificadora, que transformava pecados veniais em pecados capitais.

Lição do período: o impossível tornou-se concreto com o colapso da França em 1940, e a desesperança se transformou em esperança a partir de dezembro de 1941, com a primeira derrota alemã.

A irrupção inaudita do inesperado em história, que foi o pacto germano-soviético de 1939, dois anos depois foi ocultado e esquecido por outro acontecimento inesperado: a vitoriosa resistência de Moscou ao exército alemão. E eu fui daqueles que ocultaram o Pacto e até o desculparam, felizes com a resistência inesperada de Moscou e com a inesperada entrada dos Estados Unidos na guerra, depois de Pearl Harbor.

Aqui, cabe indicar as espantosas circunstâncias que levaram à primeira derrota alemã diante de Moscou. Em primeiro lugar, Hitler precisou retardar em um mês sua ofensiva na URSS, prevista para maio de 1941, porque, de maneira também imprevista, o exército grego resistia à agressão italiana, e Mussolini pediu ajuda a Hitler. O exército alemão demorou um mês para invadir a Iugoslávia, vencer a resistência sérvia e, depois, a grega, antes de entrar em Atenas em abril de 1941 e ocupar a Grécia. Precisou de três semanas para reconstituir suas forças e poder atacar a URSS, em 22 de junho. Durante o verão de 1941, o exército alemão que penetrou na URSS encontrou inesperada resistência a caminho de Moscou e abandonou provisoriamente esse objetivo, para conquistar a Ucrânia. Quando retomou a ofensiva sobre Moscou, no outono, foi retardado por chuvas prematuras torrenciais e paralisado por forte queda também antecipada da temperatura às portas de Moscou. Por outro lado, Stálin, tendo recebido de Sorge, seu espião em Tóquio, a informação de que o Japão não atacaria a Sibéria, mandou transportar da extremidade oriental do país, pela Transiberiana, o seu exército habituado ao frio e equipado com tanques T-34 e Katiuchas. Nomeou, para comandar o *front* de Moscou, o general Júkov, cujo gênio militar foi decisivo nessa guerra. Em 5 de dezembro de 1941, Júkov desencadeou a ofensiva que fez as tropas alemãs recuar duzentos quilômetros, e salvou Moscou. Em 7 de dezembro, a aviação japonesa atacou Pearl Harbor, e os Estados Unidos foram empurrados para a guerra. Em dois dias o destino do mundo mudara.

A lição que se pode extrair desse conflito é que ele levou ao paroxismo a barbárie de guerra e, sobretudo, a barbárie inerente ao nazismo. O país mais culto da Europa tornou-se escravagista em relação às populações eslavas e, a partir de 1942, genocida para os judeus e os ciganos da Europa.

Euforia e desencanto

Na Resistência nasceram imensas esperanças num mundo novo. Alguns desejavam uma sociedade democrática e social equitativa; outros, uma sociedade fraterna, tal como imaginavam ser a URSS.

Os governos de coalizão do pós-guerra instauraram de fato medidas sociais. Mas o mundo esperado não veio de modo algum.

MINHAS EXPERIÊNCIAS POLÍTICAS: NA TORRENTE DO SÉCULO 73

Ao contrário, a aliança Leste-Oeste transformou-se em guerra fria. Ocorreu uma nova glaciação stalinista na URSS. Dois imperialismos se confrontaram. Por isso, passamos da euforia ao desencanto, da esperança ao temor.

Nos primeiros anos da guerra fria, o imperialismo americano, dotado de um monopólio atômico provisório, me camuflava o imperialismo soviético e o domínio totalitário que ele exercia sobre as nações subjugadas. A supremacia americana me impedia de compreender que o sistema soviético era o pior da segunda metade do século XX, ao passo que em outros lugares a democracia às vezes podia atenuar os abusos do capitalismo.

Quando aderi ao comunismo, ocultei os piores aspectos da URSS, acreditando que estavam definitivamente relegados ao passado. Depois do Relatório Jdanov, de 1947, condenando toda e qualquer literatura e cultura independente, tornei-me apenas consciente, e crítico, da cretinização cultural imposta por ordem da URSS. Dionys, Robert* e eu, apoiados por algumas outras pessoas, fizemos uma oposição "cultural" enérgica, mas sem questionar a política geral do Partido e sua natureza. Denunciávamos entre nós o cretinismo, a mentira, o dogmatismo, as calúnias como defeitos secundários e provisórios do comunismo staliniano, sem compreender que essas coisas traduziam sua própria natureza.

Tornei-me um mudo político durante o processo Kravtchenko, em 1949, mesmo depois de ter conhecido Margarete Buber-Neumann, que testemunhou a favor do foragido soviético. Ela nos revelou que, após o pacto germano-soviético, Stálin entregara a

---

* Dyonis Mascolo e Robert Antelm. [*N.T.*]

Hitler os comunistas alemães que tinham se refugiado na URSS. Desse modo, ela passara do gulag ao campo de concentração de Ravensbrück.

Finalmente, foram a ignomínia e a imbecilidade do processo Rajk Laszlo, em 1949, que provocaram em mim uma ruptura subjetiva que se tornou objetiva com minha exclusão em 1951. Eu tinha tomado consciência do caráter místico, religioso do Partido. Tinha visto que ele transformava seres inicialmente bonachões e tolerantes em fanáticos obtusos. Mas foi o excesso de mentiras e ignomínias reunidas nesse processo, como que num microcosmo, que me fez, literalmente, vomitar toda a minha crença. Apesar dessa ruptura interior, o mais doloroso foi romper com o grande companheirismo e, sobretudo, com grandes amizades. Precisei cortar o cordão umbilical que me impedia de nascer para mim mesmo. Eu tinha trinta anos.

Depois, precisei realizar a integral e radical autocrítica de seis anos de cegueira e ilusões, o que fiz em 1958. Precisei também conceber o que foi o mal específico do século XX: o totalitarismo de partido único. Muitos recusavam a ideia de que os dois inimigos irredutíveis — nazismo e o comunismo — tivessem o totalitarismo em comum. A oposição total entre a ideologia universalista do comunismo, que abraça toda a humanidade, e a ideologia racial da superioridade ariana, própria à Alemanha nazista, contribuía para a rejeição do conceito. No entanto, em ambos os casos, um só partido era o detentor único das verdades antropológicas e históricas, exercia o controle de todas as atividades humanas, inclusive na vida pessoal, com o apoio de uma polícia onipotente que, ao mesmo tempo que era submissa ao partido, submetia-o a seu poder. A publicação do livro de Hannah Arendt, *Origens do totalitarismo*, fez surgir a noção em 1951.[2] Mas sua definição me pareceu insuficiente. Foi tardiamente, em 1983, acompanhando a história pós-stalinista da URSS, que publiquei meu ensaio *De la nature de l'URSS*,[3] para entender esse fenômeno enorme e novo em relação a qualquer outra forma de ditadura.

No século XXI, é especialmente importante compreender essa capacidade de escravizar e domesticar as mentes, sobretudo porque hoje estão em formação todos os elementos de um neototalitarismo, cujo primeiro modelo se implantou na imensa China. Portanto, é necessário perceber diferenças e semelhanças entre esse totalitarismo e o do passado. Voltarei a isso.

O Relatório Khrushchov, que denunciava o poder de Stálin, durante algum tempo me devolveu a esperança num comunismo liberal, mas a repressão à revolução húngara de 1956 consumou o rompimento final. Este foi total e me ensinou duas verdades.

Primeira: a experiência de meu período na Stalinia foi decisiva para compreender como funcionam as mentes fanáticas e para tornar-me alérgico a elas.

Segunda: ela me possibilitou compreender que eu era fundamentalmente direitista e esquerdista. Direitista porque a partir daí estava decidido a nunca mais sacrificar a ideia de liberdade. Esquerdista porque a partir daí estava convencido não da necessidade de uma revolução, mas da possibilidade de uma metamorfose.

Enfim, essa desmitificação permitiu-me regenerar minha concepção de esquerda, que a meu ver sempre deve se abeberar simul-

---

2 Traduzido para o francês pela Seuil, entre 1972 e 1982 [No Brasil, *Origens do totalitarismo*, Companhia de Bolso, 2013, trad. Roberto Raposo (*N.T.*)].
3 Fayard [Em português, *Da natureza da URSS*, Publicações Europa-América, Mira-Sintra, 1984, Trad. Maria Gabriela de Bragança (*N.T.*)].

76 LIÇÕES DE UM SÉCULO DE VIDA

taneamente em quatro fontes: a fonte libertária, para o pleno desenvolvimento dos indivíduos; a fonte socialista, para uma sociedade melhor; a fonte comunista, para uma sociedade fraterna; a fonte ecológica, para integrar melhor o humano na natureza e a natureza no humano.

A extraordinária década de 1950

5 de março de 1953: morte de Stálin. Junho de 1953: revolta na Alemanha Oriental contra o regime comunista. Guerra da Argélia, de 1954 a 1962. 24 de fevereiro de 1956: relatório Khrushchev que denunciava Stálin. Junho de 1956: revolta da Posnânia; depois, outubro polonês provisoriamente libertador. 23 de outubro de 1956: revolução húngara, ferozmente reprimida em novembro. Fim de outubro de 1956: guerra israelense contra o Egito, sustentada pela intervenção anglo-francesa em Suez. 13 de maio de 1958: golpe em Argel. Outubro de 1958: de Gaulle é legalmente chamado ao poder, a IV República é abolida, e é proclamada a V República, dotada de poder presidencial. 1961: fracasso do segundo golpe dos generais da Argélia contra de Gaulle.

Esses oito anos de acontecimentos não só inesperados, mas também inauditos (como a denúncia de Stálin por seu sucessor e o colapso de nossa IV República), põem em crise o comunismo soviético e a democracia nascida da Libertação. As revoluções operárias da Polônia e da Hungria são feitas contra o partido da "classe operária", e o exército denominado "soviético" reprime de forma sangrenta os sovietes operários de Budapeste. Esses acontecimentos começaram a desvendar a mentira da URSS, provocaram um abalo sísmico na religião de redenção terrena, que foi o comunismo, e constituíram as preliminares de seu colapso.

Claude Lefort, Robert Antelme, Dionys Mascolo e eu fizemos de carro uma viagem de solidariedade à Polônia, liberta durante algum tempo. Ficamos entusiasmados com a revolução húngara e criamos um comitê de acolhida aos húngaros que se exilavam na França.

Coincidindo com esses acontecimentos, lancei com alguns amigos a revista *Arguments*, que assumiu como missão pensar a crise do comunismo e da democracia, bem como realizar uma revisão generalizada de vários problemas, integrando os da vida cotidiana e pessoal (o amor). Nela publicamos os pensadores da escola de Frankfurt, que eram desconhecidos na França, como Theodor Adorno e Max Horkheimer. Foi de um texto de Heidegger publicado na revista que tomei de empréstimo e adotei a noção de "era planetária", para designar a história humana a partir da conquista das Américas.

Por outro lado, interviemos na guerra da Argélia, fundando com Dionys Mascolo, Robert Antelme e Louis-René des Forêts o Comitê dos Intelectuais contra a Guerra no Norte da África, legitimando a independência da Argélia, ao mesmo tempo que desejávamos, pessoalmente, a manutenção de laços privilegiados com a França. Desconhecendo de início as realidades argelinas, fiquei sabendo que já em 1927 Messali Hadj fundara um movimento nacional argelino que, mesmo sob a Frente Popular, enfrentara proibições e prisões.

Em 1954 ocorreu uma ruptura entre Messali e seu comitê central, e um grupo de jovens ativistas desencadeou a insurreição do dia de Todos os Santos de 1954, fundou a Frente de Libertação Nacional e pediu a Messali que se aliasse a ela. Diante de sua recusa, a FLN travou uma guerra de extermínio contra o messalismo, denunciando Messali como agente da França e traidor da Argélia.

Quando no Partido Comunista, eu me calara diante do ignóbil extermínio físico e moral dos trotskistas. Já não podia me calar num caso semelhante, que ultrajava o próprio pai da Argélia independente. Por isso, defendi a honra de Messali. Mais tarde, após o segundo golpe de Argel e o assassinato de Abane Ramdane, um dos dirigentes da FLN, por seu próprio partido, tomei posição a favor de urgentes negociações de paz, para evitar que tanto a França quanto a Argélia afundassem numa ditadura militar. O gênio político de de Gaulle a evitou na França, mas a Argélia não pôde resistir. Fui marginalizado, incompreendido e insultado por aqueles que haviam quase sacralizado a FLN, bem como pelos partidários da Argélia francesa, o que me valeu uma tentativa de atentado da OAS.* Do mesmo modo, alguns anos depois, minha compaixão pela sorte do povo palestino colonizado valeu-me, e ainda me vale, muitas incompreensões, ultrajes e calúnias.

A lição que extraio disso é que se deve aceitar a solidão e a marginalização quando a verdade dos fatos e a honra estão em jogo. Saber sofrer a incompreensão, não ceder às imprecações, aos delírios e aos ódios.

Mas a lição global dos anos 1950 deve ser extraída da incrível conturbação de dois regimes que pareciam imutáveis, o da URSS e das democracias populares e o da IV República francesa.

---

* Organisation de l'armée secrète; lit., Organização do Exército Secreto. [*N.T.*]

O avesso dos "Trinta Gloriosos"

O desenvolvimento econômico da Europa ocidental, iniciado por volta de 1955, prosseguiu até a crise de 1973, constituindo aquilo que Jean Fourastié chamou de Trinta Gloriosos.

Graças a esse desenvolvimento econômico, o nível de vida se eleva, mas a qualidade de vida cai; o individualismo cresce, mas a solidariedade diminui; a mobilidade (carro, turismo, férias) progride, mas as injunções técnicas são cada vez mais escravizantes; o bem-estar material aumenta proporcionalmente a um mal-estar existencial (o que foi obscuramente sentido pelas gerações de 1968); a hegemonia crescente do campo econômico segue a par da degradação do político.

No plano intelectual, o estruturalismo promove um método oriundo da linguística de Jakobson para o conhecimento dos fenômenos humanos, mas, tornando-se soberana, a noção de estrutura elimina o ser humano, o sujeito, a história.

Cornelius Castoriadis, Claude Lefort e eu mesmo resistimos a esse pensamento redutor e disjuntivo. Cada um de nós trabalhou para integrar e superar o pensamento de Marx. Para mim, será o pensamento complexo.

Durante esse período, minha cultura diversificada e minha curiosidade me possibilitaram detectar em estado nascente alguns fenômenos ainda imprevisíveis. Tal como depois da Nuit de la Nation,* em 1963, observei a formação de uma cultura adolescente autônoma, prenúncio de maio de 1968, revolta juvenil contra a autoridade e brecha aberta na linha de flutuação de nossa civilização.

---

* Literalmente, "Noite da Nação". Trata-se do evento já mencionado anteriormente, ocorrido em 22 de junho de 1963: "um concerto gigante na Place de la Nation, organizado pelo programa "Salut les copains" da rádio Europa 1". [*N.T.*]

80 Lições de um século de vida

Ao longo daqueles anos, tomei consciência do fato de que os aspectos negativos da civilização ocidental haviam progredido, enquanto regrediam seus efeitos positivos. Daí decorreu a elaboração de uma "política de civilização",[4] desenvolvida num ensaio publicado em 1997.

Desses anos extraio a lição de que o progresso econômico e técnico pode comportar um retrocesso político e civilizacional, o que me parece cada vez mais óbvio no século XXI.

Consciência ecológica

Os Trinta Gloriosos se encerram com o choque do petróleo de 1973, nascido do embargo dos países do Oriente Médio em resposta ao apoio dado a Israel durante a guerra do Yom Kippur.

Descobri de repente que a Europa já não era a potência dominadora e colonialista à qual eu não me aliara, mas uma pobre coisa velha, dependente do petróleo como se depende de uma transfusão de sangue vital. Acreditei então na construção de uma União Europeia que pudesse tornar-se exemplo pacífico e democrático para o mundo — até que as decepções sucessivas me levassem a renunciar às minhas esperanças.

Em 1972, apenas uma minoria dispersa percebeu a amplitude de um acontecimento de importância planetária: a publicação do relatório do professor Meadows, do Massachusetts Institute of Technology, que revelava o processo de degradação da biosfera em decorrência da explosão técnico-econômica, por sua vez decorrente da insaciável sede de lucro. Essa degradação não afetava apenas a biodiversidade vegetal e animal, mas a humanidade inteira, por intermédio da poluição de rios,

---

4 *Politique de civilisation*, Arléa, 1997 [Em português: *Uma política de civilização*, Instituto Piaget, Lisboa, 1997 (*N.T.*)].

oceanos, cidades, solos entregues à agricultura industrial, da alimentação proveniente dessa agricultura, dos animais confinados em massa e alimentados artificialmente. Para deter essa irresistível degradação da biosfera, era preciso que cada nação se voltasse não só para uma política nova, mas também para um entendimento internacional.

Eu estava entre os que tomaram consciência do problema e da ameaça, e naquele mesmo ano de 1972 dei uma conferência que na época foi publicada com o título "L'an I de l'ère ecologique";* em seguida, escrevi numerosos artigos.

A consciência ecológica avança apenas parcialmente e muito devagar, a despeito de catástrofes significativas (em especial Chernobyl e Fukushima) e do agravamento constante da situação em todos os setores, sejam eles naturais, civilizacionais ou humanos. Nunca deixei de estar presente nessa frente de batalha.

Crises e guerras

Não acreditei no Programa Comum da Esquerda, adotado em 1972, mas fiquei bem contente com a eleição de François Mitterrand; suas melhores facetas eu conheci durante a Resistência; e as piores, durante a guerra da Argélia.

O mérito de sua presidência consistiu na alternância política ao predomínio da direita e na abolição da pena de morte. Com exceção de um almoço privado ao qual fui convidado, não estive entre seus chegados, mas o defendi quando foi atacado depois do livro de Pierre Péan[5] dedicado à sua juventude, em que o autor revelava às gerações

---

* Em português: *O ano I da era ecológica*, Instituto Piaget, Lisboa, 2016, trad. João Duarte. Seguido de outros textos.

5 *Une jeunesse française*, Fayard, 1994 [Uma juventude francesa.].

atuais o vichysmo que precedera a atuação dele na Resistência — coisa que todos sabíamos em 1943.

Na década de 1980 ocorreu uma virada histórica mundial que passou despercebida; a conscientização a respeito só chegou de modo progressivo e tardio. Trata-se da virada neoliberal de Thatcher (1979-1990) e Reagan (1981-1989), que eliminou quaisquer freios ao lucro desbragado e provocou em quase todo o mundo a privatização dos serviços públicos nacionais e o enorme crescimento da riqueza dos ricos e da pobreza dos pobres.

A guerra da Iugoslávia explodiu em 1991. A Croácia e a Bósnia--Herzegovina proclamaram a independência, depois Kosovo se emancipou da Sérvia em 1998-1999, com a ajuda do Ocidente.

Tomei partido contra a intervenção militar sérvia na Croácia, mas sem cair no sectarismo anti-Sérvia e pró-Croácia, pois o nacionalismo de purificação étnica croata era bem semelhante ao sérvio. Em compensação, apoiei a Bósnia-Herzegovina multiétnica, onde, infelizmente, a radicalização da guerra destruiria a coexistência e a pluralidade étnico-religiosa.

A guerra da Iugoslávia convenceu-me de que o desmembramento dos impérios (otomano, austro-húngaro, soviético), ao provocar o surgimento de várias nações, cada uma com suas minorias étnicas ou religiosas, tinha sido um dos desastres históricos do século XX. Enquanto as nações ocidentais (França, Inglaterra, Espanha) se formaram por meio da integração de povos extremamente diversificados ao longo de uma história multissecular, as novas nações se fundavam numa concepção étnico-religiosa monolítica, com a preconização do expurgo das minorias.

Quando da primeira intifada palestina (1987-1991), compreendi até que ponto o Oriente Médio era uma zona conflagrada, onde se confrontavam não só Israel e Palestina, mas também Oriente e Ocidente, judaísmo, cristianismo e islamismo, interesses petroleiros e direitos dos povos, e, por intermédio das potências locais, as grandes potências.

E, durante as duas guerras do Iraque (1990-1991 e 2003-2011), a guerra civil libanesa (1975-1990) e a horrível guerra civil síria (desde 2011), alimentada pelas intervenções estrangeiras, fiquei atento a outra zona de conflagração, que ao norte sobe até a Armênia e o Azerbaijão, ao sul vai até a Etiópia, a Eritreia e a Líbia.

Em todos esses conflitos, há um elo inextricável entre horrores e erros.

A globalização começou de fato com a introdução do capitalismo na URSS desmoronada, com o pós-maoismo de Deng Xiaoping na China e com a generalização das comunicações instantâneas por telefone ou internet entre todos os pontos do globo. Ela constitui um processo técnico-econômico de unificação do planeta. Mas também provocou, como reação, a aspiração à altermundialização de solidariedades.

Em 11 de setembro de 2001, dois aviões pilotados por jihadistas islâmicos chocaram-se contra as torres gêmeas do World Trade Center de Nova York. Esse enorme acontecimento, totalmente inesperado, revelou ao mundo o jihad, forma fanática de terrorismo islâmico. Mas esse jihad inicialmente tinha sido ajudado e armado pelos Estados Unidos no Afeganistão, em sua luta contra a invasão soviética. A partir daí, o jihad tornou-se uma ameaça mundial tanto para os países árabe-muçulmanos (a maioria das vítimas no mundo é de muçulmanos), quanto para o mundo ocidental e africano.

Por fim, a pandemia de covid, provocando uma crise planetária multidimensional, torna-se um elemento novo de precariedade, incerteza e angústia.[6]

---

6 *Changeons de voie, Les leçons du coronavirus*, Denoël, 2020 [No Brasil: *É hora de mudarmos de via*, Bertrand, 2020, trad. Ivone Benedetti (*N.T.*)].

6

Minhas experiências políticas: os novos perigos

Compreendendo a inadequação de nossos conhecimentos compartimentados para tratar os grandes problemas, inspirado pela recusa crítica aos aspectos unilaterais e redutores dos modos de pensar, constatando o vazio do pensamento político em geral e o do socialismo em particular, admitindo ser preciso não só revisar Marx, não só repensar o homem, a vida e o mundo com a ajuda dos novos conhecimentos, mas também repensar a pensamento e refundar um pensamento político, empreendi enorme viagem através dos conhecimentos para depreender os princípios de um conhecimento e de um pensamento complexos.

Ciência e política

O tremendo desenvolvimento das ciências físicas e biológicas nos séculos XX e XXI apresenta problemas éticos e políticos cada vez mais graves. A partir do século XVII, as ciências só puderam desenvolver autonomia eliminando todo e qualquer juízo de valor, ou seja, todo e qualquer juízo ético ou político. Aos poucos, o papel delas na história das sociedades se tornou imenso. Os progressos da física nuclear possibilitaram a criação, o emprego e a proliferação das armas nucleares. Os da física quântica favoreceram o desenvolvimento gigantesco da informática. Os da genética e, de modo mais amplo, das ciências biológicas, incitam às manipulações do embrião e do ser humano.

Ora, as ciências não conhecem nenhuma salvaguarda ética interna. A ética só pode provir de morais externas, sejam elas laicas ou religiosas. Os Estados se apossam dos poderes da arma nuclear, que se tornou uma espada de Dâmocles para a humanidade. O lucro se apossa da genética, transformando os pesquisadores em negociantes, enquanto a pesquisa médica está nas mãos de trustes multinacionais farmacêuticos que se dedicam a produzir medicamentos rentáveis em detrimento de outros não rentáveis. Todos esses perigosos desenvolvimentos, hoje agravados pela pandemia de covid, conferem sombria atualidade à velha fórmula de Rabelais: "Ciência sem consciência é ruína da alma."

Nossa comunhão de destinos

Já em meu livro *Terra-Pátria*, eu estava consciente do fato de que a globalização técnico-econômica criara uma comunhão de destinos entre todos os humanos na expansão econômica planetária, na degradação da biosfera, nos perigos decorrentes da proliferação das armas nucleares. Essa consciência infelizmente não pôde crescer e ampliar-se.

Depois disso, fui dimensionando cada vez melhor os efeitos perversos da globalização técnico-econômica (rumo ao abismo?), do predomínio universal do lucro, da crise universal das democracias, do fracasso de quase todas as revoltas contra as ditaduras políticas ou as dominações econômicas (que com frequência estão ligadas).

Por fim, vê-se a formação, no mundo inteiro, inclusive na Europa, de regimes autoritários de fachada parlamentar, em especial o neototalitarismo da China, baseado em vigilância eletrônica, testemunho do retrocesso que ocorre mundialmente desde o início do século XXI.

Uma das maiores lições de minhas experiências é que o retorno da barbárie sempre é possível. Nenhum avanço histórico é irreversível.

Pensar complexo

A experiência da grande crise planetária multidimensional decorrente da pandemia de covid mostra de modo evidente a necessidade de um pensamento complexo e de uma ação consciente das complexidades da aventura humana.

Dediquei cinquenta anos de minha vida a elaborar uma Via que pudesse ser ao mesmo tempo chamada de Método (*methodos*, em grego, significa busca ou pesquisa de uma via) ou Tao (que em chinês significa caminho ou via). Foi o que fiz nos seis volumes do *Método*, nos quatro livros para reformar a educação[1] e nas propostas políticas de meus livros *A Via*[2] e *É hora de mudarmos de via*.[3]

---

1 *La Tête bien faite*, Seuil, 1999 [Em port.: Em port.: *A cabeça bem-feita*, Bertrand Brasil, Rio de Janeiro, 2000; trad. Eloá Jacobina]; *Relier les connaissances*, Seuil, 1999 [Em port.: *A religação dos saberes*, Bertrand Brasil, Rio de Janeiro, 2000, trad. Flávia Nascimento]; *Les Sept Savoirs nécessaires à l'éducation du futur*, Seuil, 2000 [Em port.: *Os sete saberes necessários à educação do futuro*, Cortez, Brasília, 2000; trad. Catarina Eleonora F. da Silva e Jeanne Sawaya]; *Enseigner à vivre*, Actes Sud, 2014 [Em port.: *Ensinar a Viver. Manifesto para mudar a Educação*, Sulina, Porto Alegre, 2015; trad. Edgard de A. Carvalho e Mariza P. Bosco].
2 Fayard, 2011 [Em port.: *A via*, Bertrand Brasil, Rio de Janeiro, 2013; trad. Edgard de Assis Carvalho e Mariza Perassi Bosco (*N.T.*)].
3 *Op. cit.*

Mas essa necessidade não é entendida nem admitida pela maioria dos políticos, economistas, tecnocratas e empresários, continuando ignorada pela maioria de meus concidadãos. O capitalismo nunca foi tão poderoso e hegemônico. Ele domesticou a agricultura, que se tornou industrial, o consumo sob influência publicitária, os serviços uberizados, o mundo da informação e da informática sob o domínio dos GAFA. O capitalismo reina sobre a saúde por via das indústrias farmacêuticas, cujo poder cresceu durante a pandemia; e, com seus lobbies, parasita os governos, as instituições europeias e internacionais. Isso tudo em meio ao sonambulismo e à cegueira.

O que temos diante de nós? Consciências dispersas, revoltas reprimidas, associações de solidariedade, um pouco de economia social e solidária, mas nenhuma força política coerente com um pensamento orientador, como o que preconizo. Prevejo a possibilidade ou mesmo a probabilidade do pior, mas o pior não é seguro, o improvável também é possível, assim como o imprevisível.

Por isso, ao longo do tempo, fui concebendo melhor minhas ideias políticas com a ajuda do conhecimento complexo e do pensamento complexo, que são inseparáveis de meu processo de conscientização política, inspirando-a e sendo inspirados por ela.

Não esqueço a necessidade de revisar meu pensamento quando da surpresa provocada pelo acontecimento inesperado, ou mesmo periodicamente, tal como se revisa o motor do carro a cada dez mil quilômetros.

O humanismo regenerado

Todas as minhas concepções são agora antropo-bio-eco-políticas. Fazem parte não só do pensamento complexo, como também daquilo que chamei de humanismo regenerado, que exponho em *É hora de mudarmos de via*. Digo "regenerado" porque já foi lapidarmente enunciado por Montaigne em duas frases: "Reconheço em todo homem meu compatriota" e "Cada um chama de barbárie aquilo que não é de seu uso".

O humanismo regenerado baseia-se no reconhecimento da complexidade humana. Reconhece a plena qualidade humana e a plenitude dos direitos de todos os humanos de qualquer origem, sexo ou idade. Abebera-se nas fontes da ética, que são solidariedade e responsabilidade. Constitui o humanismo planetário da Terra-Pátria (que inclui todas as pátrias, respeitando-as).

Ser humanista doravante não é apenas pensar que os perigos, as incertezas e as crises (entre as quais a da democracia, a do pensamento político, a provocada pela explosão do lucro, a da biosfera e a multidimensional da pandemia) nos uniram numa comunhão de destinos. Ser humanista doravante não é apenas saber que somos todos humanos semelhantes e diferentes, não é apenas querer escapar das catástrofes e aspirar a um mundo melhor. Ser humanista é também sentir intimamente que cada um de nós é um momento efêmero de uma aventura extraordinária, a aventura da vida que deu origem à aventura humana, que, ao longo de criações, tormentos e desastres, chegou a uma crise gigantesca, na qual está em jogo o destino da espécie. O humanismo regenerado, portanto, não é apenas o sentimento de comunidade humana, de solidariedade humana, é também o sentimento de estar no interior dessa aventura desconhecida e incrível, e desejar que ela continue em direção a uma metamorfose, da qual nascerá um novo devir.

O que fui enxergando com nitidez cada vez maior ao longo do tempo é que, no universo físico e biológico, as forças de associação e união se combinam com as de dispersão e destruição.

Essa dialética pode ser simbolizada na história humana pela relação indissolúvel entre Eros, Pólemos e Tânatos. Embora me pareça que Tânatos seja o vencedor final, está evidente para mim que, aconteça o que acontecer, nossa vida só pode ter sentido se ficarmos do lado de Eros.

7

O erro de subestimar o erro

Minha via

Encontrei minha via já aos dezoito anos, quando não deixei de prosseguir nas grandes interrogações formuladas por Kant, que citei acima: O que posso conhecer? O que devo fazer? O que me é permitido esperar?

O filósofo escrevia que, para responder a essas indagações, é preciso conhecer o humano. A isso acresce que é preciso conhecer inseparavelmente as condições sensoriais, cerebrais e mentais do conhecimento humano e o conhecimento das condições históricas e sociais que pesam sobre todo conhecimento. Daí vieram os dois volumes centrais do *Método: O Conhecimento do conhecimento* e *As Ideias*.

Na verdade, até agora não deixei de ser estudante, ou seja, de continuar a aprender e de voltar ao canteiro do repensamento. Evidentemente, estimulado pelas conturbações históricas, o repensamento tornou-se permanente em mim desde a revista interrogativa *Arguments* e desde meu livro *Autocrítica*, do Círculo de Pesquisa e Reflexão Social e Política (CRESP), com Castoriadis e Lefort; depois, no Grupo dos Dez, promovido por Jacques Robin, na Califórnia (Instituto Salk), no Centro Royaumont para uma Ciência do Homem e, por fim, continuamente na redação dos seis volumes do *Método*, de 1977 a 2004. Disponho do Método para interligar e integrar os conhecimentos e, claro, examinar as condições históricas cada vez mais graves a que estamos submetidos.

Mas, ao longo dessa aventura de conhecimento inseparável de minha aventura de vida, fui incessantemente atormentado pelo problema do erro e da ilusão.

Meus erros

Em primeiro lugar, quero indicar que o risco do erro e da ilusão é permanente em toda vida humana, pessoal, social e histórica, em toda decisão e ação e mesmo em toda abstenção, podendo conduzir a desastres.

Eu não saberia contabilizar todos os meus erros de avaliação ou juízo; aqui me limitarei aos dois grandes erros por mim cometidos na adolescência e na juventude, que na época me pareceram duas grandes verdades.

O primeiro foi o pacifismo de minha adolescência. Além de ter sido influenciado pelo pacifismo das gerações que haviam vivido o absurdo e o horror da guerra de 1914-1918, aos dez ou doze anos fui muito marcado por três filmes: *4 de infantaria*, do alemão Georg Wilhelm Pabst, *Nada de novo no front ocidental*, do americano Lewis Milestone, e *Cruzes de madeira*, do francês Raymond Bernard.

Quando a Alemanha hitlerista reivindicou e anexou a Áustria, depois reivindicou e anexou os sudetos da Tchecoslováquia, quando reivindicou Danzig,* acreditei, como Simone Weil, que, uma vez que aquelas populações eram alemãs e desejavam reunir-se ao Reich, ninguém podia se opor ao direito dos povos de dispor de si mesmos. Eu era daqueles que achavam que as concessões de Munique tinham esse rumo. Parecia-me até que tais concessões iam acalmar a Alemanha e que, assim, ela voltaria a participar do concerto das nações. Acreditava, enfim, até 1939, que a guerra era evitável.

Minha visão ocultava o fenômeno fundamental: o gigantesco expansionismo de uma nação que se queria hegemônica, subjugada pela concepção racista que via a raça ariana como dominadora e colonizadora da Europa e, em especial, das populações eslavas. Nisso estava a diferença capital em relação à guerra de 1914, nascida de conflitos entre imperialismos rivais.

Meu erro baseava-se na ilusão de que as concessões moderariam e humanizariam o nazismo, por deixá-lo satisfeito, ao passo que, ao contrário, o incitavam a ir cada vez mais longe. Eu esquecia ou não desejava ver que, muito mais que nacionalismo alemão tradicional ou sede de desforra, o que havia era a irrupção de uma potência movida por uma convicção de superioridade racial que a conduziria de uma vitória a outra, de um massacre a outro, até o desastre.

Depois da derrota e antes da guerra com a URSS, eu conservava a ideia de que uma Alemanha senhora da Europa cedo ou tarde caminharia para a superação do hitlerismo numa *pax germanica* análoga àquilo que fora a *pax romana* (quando, depois de uma conquista impiedosa, a cidadania romana tinha sido oferecida a todo habitante

---

* Nome alemão de Gdansk. [*N. T.*]

O ERRO DE SUBESTIMAR O ERRO 93

do Império, com o édito de Caracala). A Alemanha se humanizaria progressivamente e dissolveria o nazismo num retorno à sua cultura humanista e pluralista. Mas eu deveria ter pensado que Hitler não podia deixar de atacar a URSS em nome do "espaço vital" da Alemanha ariana.

A partir daí, a resistência de Moscou, por um fio, no final de 1941, e logo depois Pearl Harbor e a entrada dos Estados Unidos numa guerra que se tornara mundial determinaram meu segundo grande erro.

Embora toda a minha cultura de adolescente tivesse sido radicalmente antistalinista — eu lera Boris Souvarine e Victor Serge, sentira repugnância pelos julgamentos de Moscou e alergia ao fanatismo stalinista —, reconsiderei os vícios da URSS, atribuindo-os à herança do atraso czarista e ao cerco capitalista. Esclarecido, acreditava eu, pelo livro de Georges Friedmann *De la sainte Russie à l'URSS*,[1] eu descobria aspectos aparentemente positivos em matéria de educação, higiene, saúde e igualdade dos povos soviéticos. A ideia de que não se devia julgar a URSS com base em seu passado odioso, mas em seu futuro libertador da humanidade oprimida empanava tudo o que minha cultura da adolescência me ensinara. E, passo a passo, percorri o caminho de conversão ao comunismo. Só tive a sorte de não me fechar no Partido e de tornar-me responsável por um movimento de resistência não comunista.

Minhas esperanças de futuro radioso foram desmoronando aos poucos, depois da vitória, com a guerra fria e com a nova glaciação stalinista. Conto com minúcias minha conversão e minha desconversão no livro *Autocrítica*, tratamento salutar, trabalho de consciência que

---

1 Gallimard, 1938 [Lit., *Da santa Rússia à URSS* (*N.T.*)].

me tornou alérgico para sempre a fanatismos, sectarismos, mentiras políticas, argumentos viciosos *ad hominem*.

Por isso, lamento meus erros e não os lamento, pois eles me deram a experiência de viver num universo religioso absolutista que, como toda religião, teve seus santos, mártires e carrascos. Um mundo que torna alucinado, degrada e destrói às vezes os melhores. Minha temporada de seis anos na Stalinia educou-me nas potências da ilusão, do erro e da mentira histórica.

De onde vem o erro?

Desde o nascimento, a adaptação ao mundo exterior se dá por tentativa e erro e assim prossegue ao longo da vida.

O conhecimento não se constrói sem risco de erro. Mas o erro desempenha papel positivo quando é reconhecido, analisado e superado. "O espírito científico se constitui com base num conjunto de erros retificados", escrevia Bachelard.

Os erros nos educam quando tomamos consciência deles, mas não nos ensinam suas fontes múltiplas e permanentes, não nos dizem seu papel enorme e muitas vezes nefasto.

O erro geralmente é subestimado, por falta de consciência de que sua fonte está no próprio conhecimento e de que ele constitui uma ameaça em toda e qualquer vida e por toda a vida.

O erro é inseparável do conhecimento humano, pois todo conhecimento é uma tradução seguida por uma reconstrução. Ora, toda tradução, como toda reconstrução, comporta risco de erro. A começar pelo conhecimento dos sentidos, como a percepção visual: nossa retina é estimulada por fótons e os traduz, segundo um código binário, numa mensagem que é transmitida pelo nervo óptico, reconstruída e logo transformada pelo cérebro em percepção.

Ora, a percepção pode ser insuficiente (miopia, presbiopia, surdez), pode ser perturbada pelo ângulo de visão, pela distração, pela rotina e, sobretudo, pela emoção. Por exemplo, os testemunhos sobre um acidente de automóvel frequentemente são muito diferentes e até opostos. É assim que nossas melhores testemunhas, nossos sentidos, também podem se enganar.

Ideias e teorias são reconstruções intelectuais que podem ser não só errôneas, mas ilusórias.

A memória é outra fonte de erro, porque reconstrução de uma construção que deixou sua marca cerebral. Quantos erros involuntários nas reminiscências e lembranças!

A comunicação é fonte de erro, como indicou Shannon. Entre o emissor e o receptor, o mal-entendido e o mal compreendido podem até se tornar fonte de conflito.

As decisões errôneas tomadas nas incertezas e nos riscos da vida podem provocar as piores consequências.

A mentira é, evidentemente, fonte de erro quando nela se acredita. Mas a pior mentira, que só pode encontrar antídoto na mente autocrítica, é aquela que o inglês chama *self deception*, o autoengano: somos ao mesmo tempo enganadores e enganados. Esse fenômeno, muito corrente, esconde de nós mesmos verdades pouco lisonjeiras, vergonhosas ou incômodas.

Finalmente, podemos ser enganados por informações asseveradas por testemunhos que acreditamos confiáveis. Foi o que aconteceu com a notícia falsa, mas persistente, mencionada acima, do fracasso de um desembarque alemão na Inglaterra em 1941. Os ingleses teriam espalhado gasolina na sua costa e ateado fogo quando da chegada da frota nazista, que teria sofrido perdas totais. O mesmo aconteceu com a notícia que correu em Orléans, onde até professores estavam convencidos de que as moças desapareciam nos provadores de lojas geridas por judeus.

De modo mais amplo, milhões de pessoas foram enganadas pela propaganda da URSS, que escondia a enormidade de seu sistema concentracionário e exaltava um paraíso soviético imaginário. Milhões de pessoas acreditaram que a revolução cultural chinesa era uma grande etapa do progresso comunista, quando na verdade era uma insana hecatombe que fazia milhões de vítimas.

Como se premunir contra as notícias falsas, agora chamadas de *fake news*? A experiência me mostrou que o perigo de sermos desinformados é muito grande quando não dispomos de várias fontes nem de opiniões diferentes sobre um mesmo acontecimento. São essas duas pluralidades que podem permitir adotar uma opinião e frequentemente — nem sempre — evitar erros.

Aliás, as teorias científicas se caracterizam por ser refutáveis, e a vitalidade científica se caracteriza por aceitar o conflito de teorias e ideias. Em outras palavras, a ciência não elimina o erro, mas reconhece a possibilidade dele em seu seio. Não há nenhum refúgio na Verdade absoluta com a eliminação total do erro, a não ser na Teologia e na Fé do fanático.

Por outro lado, acredito que nunca devemos parar de buscar informações, instruir-nos e verificar periodicamente nossos conhecimentos. Num mundo em constante transformação, é importante fazermos, a cada dez anos, uma revisão de nossa visão de mundo. É evidente que os problemas prioritários antes de 1990 (guerra fria e mundo bipolar) já não são os mesmos depois do desmoronamento da URSS (liberalismo econômico e globalização), nem depois da destruição das duas torres do World Trade Center (terrorismo islâmico). Cada uma dessas viradas parece inesperada: raros foram aqueles que profetizaram a queda da URSS e ninguém previra que a virada seria realizada pelo próprio secretário-geral do Partido. Assim também, ninguém previra que dois aviões suicidas destruiriam totalmente o símbolo da potência financeira americana. A história humana é relativamente inteligível *a posteriori*, mas sempre imprevisível *a priori*.

A dificuldade de circunscrever as complexidades também é fonte de erros. Essa dificuldade é aumentada pelo fato de nossos saberes serem disjuntos e compartimentados em disciplinas estanques, ao passo que a complexidade, por exemplo, da crise do coronavírus em 2020 é constituída pelas interações e retroalimentações entre processos biológicos, psicológicos, econômicos, sociais etc. Por isso a tendência a reduzir uma crise multidimensional a um de seus componentes e a tomar uma parte da verdade por toda a verdade, embora seja errôneo todo conhecimento que tome a parte pelo todo.

A ecologia da ação

Toda decisão implica uma aposta quando o meio no qual deve ocorrer a ação decidida comporta complexidades, ou seja, também incertezas. Quantas decisões políticas, militares ou simplesmente individuais, certas do sucesso ou da vitória, redundaram em fracassos, derrotas ou desastres! Quantas ações revolucionárias desencadearam contrarrevoluções que as engoliram! Quantas iniciativas reacionárias desencadearam revoluções que as aboliram! Por isso é preciso ter consciência de que toda ação deve ser conduzida de acordo com uma estratégia modificável em função das casualidades ou de novas informações. Foi o que fez exemplarmente o jovem general Bonaparte na primeira campanha da Itália, ou Napoleão em Austerlitz.

Doenças da racionalidade

Acreditamos com correção que a concordância entre a razão — fundamentada na dedução e na indução — e os dados sensoriais sobre o mundo exterior constitui um conhecimento pertinente.

No entanto, qualquer teoria racional tende a fechar-se como dogma quando ignora os novos dados que a desmentem e rejeita sem exame os argumentos contrários. O dogmatismo é uma doença esclerosante da razão, que precisa estar sempre aberta para uma possível refutabilidade.

A razão também comporta o risco de racionalização, que é uma construção lógica, mas a partir de premissas falsas. Por exemplo, se eu estiver convencido de que meu vizinho me espiona, interpretarei todos os seus comportamentos como indícios de espionagem.

Cegueira paradigmática

Como mostrei em *Método III*, nossa racionalidade é inconscientemente guiada por um paradigma que controla a organização do conhecimento e impõe a disjunção e a redução como modos de conhecimento dos conjuntos e fenômenos complexos. Esse estado de fato cria cegueira no cerne de nosso modo de conhecimento.

Disjunção: enquanto os fenômenos são interligados por inúmeras interações e retroalimentações, a compartimentação dos saberes em disciplinas estanques impossibilita enxergar essas ligações. O conhecimento de um ser vivo não pode ser separado de seu contexto, pois todo vivente depende de seu meio, do qual precisa extrair energia e informação para viver.

Cumpre saber, de modo mais geral, que a ocultação das complexidades, ou seja, das relações indissolúveis entre componentes diferentes do âmbito de disciplinas compartimentadas, induz em erro.

Redução: o conhecimento de um todo é reduzido ao conhecimento de seus elementos constitutivos. Ora, cada organização de elementos diversos em um todo produz qualidades que não existem nesses elementos separadamente: as qualidades emergentes. Desse modo, a organização complexa do ser vivo produz qualidades desconhecidas das moléculas que o constituem: autorreprodução, autorreparação, alimentação, atividade cognitiva, entre outras. Essas qualidades não são dedutíveis nem indutíveis a partir dos elementos tomados isoladamente. A lógica da organização escapa à lógica clássica.

Também é preciso conhecer outras causas de cegueira:

— o caráter inédito de um problema, o esquecimento de uma experiência passada semelhante ou um raciocínio inadequado por analogia;

— a não detectabilidade do problema a partir de ideias preconcebidas e consideradas evidentes, ou a partir de seu desenvolvimento lento ou passível de flutuações;

— o fracasso na solução, devido aos limites dos conhecimentos ou dos meios tecnológicos, ou devido à intervenção demasiadamente limitada ou tardia;

— o comportamento em função de interesses particulares, que ocultam o interesse geral.

Conhecimento pertinente

Será possível depreender alguns princípios que possam ser guardados como guias?

Preliminarmente: saber admirar-se com o que parece normal e evidente e interrogar-se a respeito. Em outras palavras: problematizar. O desenvolvimento das ciências, da filosofia, do pensamento ocorreu durante o Renascimento por meio da problematização: o que é o mundo, o que é a vida, o que é o homem? O que é Deus? Ele existe? A problematização gera a dúvida, verdadeiro destoxificador da mente, que também precisa saber duvidar da dúvida. A dúvida gera o espírito crítico, que só é crítico quando também é autocrítico.

Primeiro imperativo: contextualizar todo e qualquer objeto de conhecimento. Um fenômeno e uma ação só podem ser corretamente concebidos em seu contexto. Uma palavra polissêmica só ganha sentido na frase, e a frase só ganha sentido no texto. Todo ser vivo alimenta sua autonomia ao extrair energia e informação em seu contexto ecológico e social, não podendo ser considerado isoladamente.

Segundo imperativo, mais geral: reconhecer a complexidade, ou seja, os aspectos multidimensionais e às vezes antagônicos ou contraditórios dos indivíduos, dos acontecimentos, dos fenômenos.

Terceiro imperativo, mais geral ainda: saber distinguir o que é autônomo ou original e saber interligar o que está conectado ou combinado. Todo o transcorrer da educação, a partir da escola elementar, deveria conter a preparação para a vida que consiste num jogo ininterrupto de erro e verdade.[2]

Cada vida é uma aventura incerta. Podemos enganar-nos nas escolhas de amizades, nas amorosas, profissionais, médicas e políticas. O espectro do erro segue todos os nossos passos.

As consequências do erro de julgamento ou de decisão do dirigente de uma nação podem ser desastrosas e fatais para todo o país.

Por isso, o conhecimento é uma arte difícil que pode ser auxiliada pelo conhecimento das fontes de erro e de ilusão, unido ao autoexame e à autocrítica.

---

2 Ver *Pour entrer dans le XXIe siècle*, Seuil, 2004.

Credo

Às vezes me sinto esmagado pelo amor à vida. Que beleza, que harmonia, que unidade profunda, que complementaridade e solidariedade entre os seres vivos! Que força criadora para inventar miríades de espécies animais e vegetais singulares! Às vezes me sinto esmagado pela crueldade da vida, pela necessidade de matar para viver, por sua energia destruidora, seus conflitos, sempre com o triunfo da morte. Depois consigo reunir, manter, ligar indissoluvelmente as duas verdades contrárias. A vida é dádiva e fardo, a vida é maravilhosa e terrível.

O mesmo acontece com o universo, do modo como o conhecemos agora. A nosso olhar ele parece harmonia perfeita, aparentemente eterna. Mas para nossa ciência ele é expansão, caos, explosões ou colisões de estrelas, engolfamento de astros em inacreditáveis e inúmeros buracos negros e, finalmente, destruição e desintegração irrevogáveis. A vida, nesse universo, talvez seja única — num planetinha de um sol de periferia —, em todo caso marginal.

Evidentemente, as mesmas antinomias me parecem inseparáveis na história da humanidade, como em todas as histórias que são as vidas individuais. Tanta bondade, generosidade e abnegação, tanta maldade, baixeza, egoísmo. Tanta inteligência, astúcia, genialidade, burrice, cegueira, ilusão e erro. Como é maravilhosa e terrível a potência do imaginário no espírito humano que cria obras-primas de poesia, literaturas e artes e se submete em adoração e súplicas aos deuses e aos mitos que ele mesmo criou.

Esse aspecto duplo e múltiplo, essa complexidade em tudo o que existe — desde a partícula, que é também onda, até a alma humana, inseparável das interações entre bilhões de neurônios —, isso é o que está sempre presente em minha mente. É a primeira lição de todas as minhas experiências.

No ano em que completei treze anos tive duas revelações contraditórias que me marcaram para sempre: a dúvida e a fé. Ao ler *O crime de Sylvestre Bonnard*, de Anatole France, o "ceticismo sorridente" (como se dizia desse autor) invadiu-me como se fosse Minha Verdade. Ao ler *Crime e castigo*, de Dostoievski, descobri a luta e a complementaridade entre fé e dúvida. O mesmo ocorreu com Pascal, ainda que Deus nunca tenha sido objeto de minha fé, e sim a fraternidade humana.

Recebi principalmente de Dostoievski as mensagens de compaixão e de complexidade humana. A compaixão pelos humildes, humilhados e ofendidos nunca me deixou. Hoje está mais viva que nunca, porque hoje há tantos seres humilhados por causa da origem ou da cor de pele. A densidade de suas personagens femininas (Nastácia Filippovna em *O idiota*, Grutchenka em *Os irmãos Karamazov*), ou das personagens masculinas (Stavróguin em *Os demônios*) revelou-me as complexidades da alma humana.

Tomei consciência da universalidade dessa complexidade graças a Hegel, para quem, substancialmente, quem trata como criminoso alguém que cometeu um crime elimina todos os outros aspectos de sua personalidade, de seus atos e de sua vida. Também acredito na possível redenção do assassino. Vi a do prisioneiro com quem criei laços de amizade.

Depois dessas primeiras leituras, Montaigne aprofundou meu ceticismo e me incitou ao autoexame; Voltaire e Rousseau também, complementares em seu antagonismo, como o Iluminismo e o Romantismo, a racionalidade e o misticismo (sem Deus), o invisível e o visível. Graças a essas leituras, adquiri o sentimento profundo dos dúplices e múltiplos aspectos dos seres humanos, de suas histórias singulares, da grande História que nos carrega a todos.

Cada um traz em si o imperativo complementar do Eu e do Nós, do individualismo e do comunitarismo, do egoísmo e do altruísmo.

A consciência desse duplo imperativo enraizou-se profundamente em meu espírito ao longo dos anos. Ela sempre me impeliu a alimentar e fortalecer a capacidade de amor, maravilhamento e, ao mesmo tempo, resistência obstinada à crueldade do mundo.

Direi por fim que a consciência da complexidade humana conduz à benevolência. A benevolência possibilita considerar o outro não só em seus defeitos e carências, mas também em suas qualidades, tanto em suas intenções quanto em suas ações.

Sou bom? Sei que sou bonachão, não mau, não rancoroso. Não agressivo.

Gosto da polêmica, mas detesto ataques *ad hominem*. Sinto perfeitamente a volúpia da vingança, por ter lido *O Conde de Monte-Cristo* e visto tantos westerns. Mas na vida real nunca procurei me vingar.

É verdade que meu temperamento amável e a falta de vontade de poder em mim são condições favoráveis à benevolência.

No entanto, já na infância senti e mesmo agora sinto com muita força a necessidade de reconhecimento; gostaria que minha obra fosse conhecida por suas contribuições e suas qualidades. Como inicialmente ela se mostrou marginal (e assim continua, em virtude de minha concepção de conhecimento), tive de suportar incompreensões, desdéns e ironias.

Escritores, filósofos e acadêmicos sofrem de desmedido complexo de reconhecimento. Cada um gostaria de ser reconhecido, se não como gênio, pelo menos como o melhor entre os pares. Cada livro é como um filho querido para o qual se espera um destino glorioso que repercutirá sobre seu autor.

Daí advêm orgulhos, vaidades, desprezos, maldades, às vezes calúnias contra os que são vistos como rivais ou, pior, como inimigos. Quando, em nome da complexidade, integrei em meus escritos saberes extraídos de ciências físicas ou biológicas, provoquei a reação do proprietário que aponta a espingarda para o caçador furtivo que vem furtar seu bem.

Quero acrescentar que tudo o que fiz de bem foi inicialmente incompreendido e julgado mal. No entanto, eu não quis nem procurei ser atípico ou rebelde. Mas a autonomia intelectual, queira-se ou não, conduz à marginalidade. É preciso aceitar a incompreensão e o descrédito.

Afinal, é bom ser bom, faz bem ser pelo bem, o senso da complexidade possibilita perceber os aspectos diferentes e contraditórios dos seres, das conjunturas, dos acontecimentos, e essa percepção favorece a benevolência. Minha lição última, fruto conjunto de todas as minhas experiências, está nesse círculo virtuoso no qual cooperam a razão aberta e a benevolência amorosa.

Mementos

Viver na incerteza

Viver é navegar num oceano de incertezas, reabastecendo-se em ilhas de certezas.

Esteja à espera do inesperado.

A história humana é relativamente inteligível *a posteriori*, mas sempre imprevisível *a priori*.

Nenhuma conquista histórica é irreversível.

O humano não é bom nem mau, é complexo e versátil.

Quando o imediato devora, o espírito deriva.

A eliminação total do risco conduz à eliminação total da vida.

O princípio de precaução só tem sentido se associado a um princípio de risco, indispensável à ação e à inovação.

O caminho para o futuro passa pelo retorno às fontes.

Esperança é a espera do inesperado.

Higiene mental

Quem não tem ódio escapa das demências.

É argumentando que se refuta, não denunciando.

Melhor que a doutrina que responde a tudo é a complexidade que interroga tudo.

Para envelhecer bem, é preciso conservar em si as curiosidades da infância, as aspirações da adolescência, as responsabilidades da vida adulta, e no envelhecimento tentar extrair a experiência das fases anteriores.

Nunca vou deixar de perceber o que há de cruel, implacável, impiedoso na humanidade, e de terrível na vida; como não vou deixar de perceber também o que há de nobre, generoso e bom na humanidade e o que a vida tem de encantador e admirável.

Muitas vezes precisamos enfrentar a seguinte contradição ética: respeitar toda pessoa humana e não a ofender naquilo que lhe é sagrado, e ao mesmo tempo praticar o espírito crítico inspirado pelo não respeito às crenças impostas como sagradas.

A autocrítica é uma higiene psíquica essencial.

É importante não ser realista em sentido trivial (adaptar-se ao imediato) nem irrealista em sentido trivial (subtrair-se às injunções da realidade); é importante ser realista em sentido complexo: compreender a incerteza da realidade, saber que existe um possível ainda invisível.

A arte de atribuir a outrem palavras que ele não proferiu, pensamentos que não teve, de degradar sua pessoa da maneira mais vil possível, é uma arte que atingiu o ápice.

Critico ideias, nunca ataco pessoas. Degradá-las seria degradar-me.

A França é ao mesmo tempo uma e multicultural. Ao longo de sua história, agregou povos muito diversos, bretões, alsacianos etc., depois descendentes de imigrantes. Sua Unidade abraça a multiculturalidade. Essas duas noções, nas quais as mentes míopes veem oposição, completam-se.

Viver com a crise

Seria preciso pesquisar uma vacina contra a raiva especificamente humana, pois estamos em plena epidemia.

A crise da covid, em certo sentido, é a crise de uma concepção de modernidade baseada na ideia de que é destino do homem dominar a natureza e tornar-se senhor do mundo.

A covid nos lembra que vivemos uma Aventura, uma Aventura no desconhecido, Aventura inaudita da espécie humana.

Mistério

A Realidade se esconde atrás de nossas realidades.

O espírito humano está diante da porta fechada do Mistério.

Agradecimentos

Este livro me foi sugerido por Sabah Abouessalam, minha companheira de vida e inspiradora, e por Dorothée Cunéo, editora e parceira de *É hora de mudarmos de via*. Ambas deram respaldo a estas *Lições*, discutindo, relendo e corrigindo o texto.

Impresso no Brasil pelo
Sistema Cameron da Divisão Gráfica da
DISTRIBUIDORA RECORD DE SERVIÇOS DE IMPRENSA S.A.
Rua Argentina, 171 – Rio de Janeiro, RJ – 20921-380 – Tel.: (21)2585-2000